젊은 그리스도인으로 형성되어 가던 시기에, 나는 내가 기독교적 사고와 행동에 대한 많은 도전에 직면하고 있다는 사실을 뼈저리게 깨달았다. 이런 도전들에 어떻게 응답하고 그리스도인으로서 어떻게 생각하고 살아야 하는지 이해하는 일에 존 스토트만큼 도움을 준 저자는 거의 없었다. 하나님의 도에 신실하고자 할 때 마주치는 도전들은 내가 젊은 그리스도인이었을 때보다 오늘날 더 예리하고 복잡하다. 이 작은 책들에서 독자는 그리스도인의 삶에 대한 스토트의 사상의 정수를 발견하게 된다. 이 자료를 다시 읽고 그것이 오늘날 얼마나 적절하고 건전한 유익이 있는지를 생각하면 마음이 상쾌해진다. 새 세대가 스토트의 사상을 접할 수 있게 해 준 IVP와 팀 체스터에게 감사한다.

아지드 페르난도 스리랑카 Youth for Christ 교육 책임자

과학기술의 발달로 이전 어느 때보다 더 많은 음성이 우리의 주의를 끌기 위해 소란스럽게 외쳐 댄다. 하지만 동시에 사람들이 주의깊게 경청하는 능력은 이전 어느 때보다 저하된 듯하다. 존 스토트의 강연과 저술은 특히 두 가지 면에서 유명하다. 스토트는 하나님을 위해 신실하게 살기 위해 하나님께 주의 깊게 귀 기울이는 법을 가르쳤다. 그리고 스토트는 하나님의 목적들을 명료하게 전달하기 위해 세상에 민감하게 귀 기울이는 법에 대한 모범이 되었다. 스토트는 우리에게 듣는 법을 가르쳤다. 이 때문에 『시대를 사는 그리스도인』이 새로운 세대의 독자들을 위해 시리즈라는 새로운 체제로 주의 깊게 개정된 것은 감격스러운 일이다. 이 책을 읽을 때, 우리가 잘 들을 수 있기를!

마크 메이넬 랭엄 파트너십 랭엄 설교사역 유럽 및 카리브해 지역 책임자,
Cross-Examined, When Darkness Seems My Closest Friend 저자

존 스토트의 글을 읽으면 언제나 마음이 산뜻해지고, 깨달음과 도전을 얻는다. 그의 가장 중요한 저술 중 하나를 계속 접할 수 있으리라는 것이 정말 기쁘며, 앞으로도 수십 년은 더 그러기를 바란다. 스토트가 하나님의 말씀에 신실한 동시에, 하나님의 일하심이라는 드라마가 상연되는 그분의 세상 곧 세속화된 서구 사회에 적실하고자 분투하는 방식은 우리에게 모범이 된다. 특히 우리가 처한 다양한 상황 속에서 교회를 섬기도록 안수받은 사람들에게는 더욱 그렇다. 저자와 동일하게, 하나님의 말씀과 하나님의 세상에 집중적으로 귀를 기울이며 하나님의 음성을 듣고 하나님께 순종하려는 모든 이에게 『시대를 사는 그리스도인』 시리즈를 적극 추천한다.

데이비드 색 니링기예 *The Church: God's Pilgrim People* 저자

어린아이가 수백 개의 퍼즐 조각 앞에서 기가 질린 모습을 상상해 보라. 도저히 그 조각들을 맞출 수가 없다! 그런데 어느 친절한 아저씨가 와서 퍼즐 전체를 한 조각 한 조각 맞출 수 있도록 옆에서 도와준다고 생각해 보라. 존 스토트의 『시대를 사는 그리스도인』을 읽을 때 바로 그런 느낌이 든다. 우리가 사는 세계는 고사하고, 우리가 읽는 성경조차 이해할 수 없다고 느끼는 사람들에게, 그는 곁에서 동행하면서 명확함과 통찰이라는 그의 어마어마한 은사를 가지고 한 걸음 한 걸음 우리를 도와 성경의 렌즈를 통해 세상을 이해한다는 것이 무슨 의미인지 밝혀내게 해 준다. 각 장 끝에 팀 체스터의 질문들이 실린 것은 큰 축복이다. 그 질문들은 우리가 내딛는 한 걸음 한 걸음을 충분히 생각하고 내면화시키도록 도와준다.

리코 타이스 런던 랭엄 플레이스 올 소울스 교회의 복음전도 담당 선임 사역자, 『기독교 탐사』 공동저자

새로운 세대가 이제 이 풍성한 가르침의 유익을 누릴 수 있으리라는 것이 기쁘다. 처음 나왔을 때 나에게 많은 도움을 주었던 책이다. 존 스토트가 언제나 그렇듯이, 이 책은 성경에 대한 신실한 해설, 세상에 대한 철저한 참여, 우리 삶을 위한 도전적 적용의 멋진 혼합이다.

본 로버츠 옥스퍼드 세인트 에브스 교회 관할 사제,
『세상과 나를 위한 하나님의 디자인』 저자

존 스토트의 저술은 나에게 오래도록 유익을 주었다. 스토트가 성경 본문에 대한 엄격한 참여와 당대 문화에 대한 주의 깊은 참여를 결합시키는 방식 때문이다. 『시대를 사는 그리스도인』 시리즈는 최상의 스토트를 제시한다. 즉, 성경의 권위에 대한 스토트의 헌신, 교회의 선교에 대한 그의 열심, 그리고 세상에서 신실하게 증거하라는 그의 요청 등을 드러낸다. 여기에 제시된 스토트의 성찰들은 오늘날 교회 지도자들이 반드시 읽어야만 한다.

트레빈 왁스 LifeWay Christian Resources 성경 및 관련 도서 출판 책임자,
『디스 이즈 아워 타임』 저자

제자

IVP(InterVarsity Press)는
캠퍼스와 세상 속의 하나님 나라 운동을 지향하는
IVF(InterVarsity Christian Fellowship)의 출판부로
생각하는 그리스도인을 위한 문서 운동을 실천합니다.

© 2019 John Stott's literary Executors

Originally published in English as *The Disciple: A Calling to Be Christlike*
by Inter-Varsity Press, London, England, United Kingdom.
This volume has been adapted from John Stott, *The Contemporary
Christian* (1982) and is one of five titles published in this format
in The Contemporary Christian Series with extra text,
including questions, by Tim Chester.
All rights reserved.

This Korean translation edition © 2021 by Korea InterVarsity Press
156-10 Donggyo-ro, Mapo-gu, Seoul 04031, Republic of Korea.
This Korean edition is published by arrangement of Inter-Varsity Press
through rMaeng2, Seoul, Republic of Korea.

이 한국어판의 저작권은 알맹2를 통하여 IVP UK와 독점 계약한 IVP에 있습니다.
신 저작권법에 의하여 한국 내에서 보호받는 저작물이므로
무단 전재와 무단 복제를 금합니다.

The Contemporary Christian Series: The Disciple

시대를 사는 그리스도인 시리즈

제자
그리스도를 닮으라는 부르심

존 스토트
팀 체스터

정옥배·한화룡 옮김

lvp

차례

서문	11
독자에게	15
시리즈 서론: 시대를 사는 그리스도인—그때와 지금	17
제자: 서론	27
1 듣는 귀	29
2 지성과 감정	47
3 인도, 소명, 사역	69
4 성령의 첫 번째 열매	95
시리즈 결론: 지금과 아직	113
주	127

이 책의 모든 인세는 랭엄 문서사역(Langham Literature)으로 변경할 수 없이 양도되었다. 랭엄 문서사역은 존 스토트가 설립하고 크리스 라이트(Chris Wright)가 국제 사역 디렉터(International Ministries Director)를 맡고 있는 랭엄 파트너십(Langham Partnership)의 한 사역이다.

랭엄 문서사역은 출판과 배포, 지원과 할인 등을 통해 다수세계의 설교자, 학자, 신학교 도서관 들에 복음주의 도서와 전자 자료를 공급한다. 또한 저자 지원, 지역의 복음주의적 출판사 강화, 주요 지역 문서 프로젝트 투자 등을 통해 다양한 언어로 된 토착 복음주의 서적이 나올 수 있도록 촉진한다.

랭엄 문서사역 및 랭엄 파트너십의 다른 사역들에 대해 더 알아보려면 웹사이트 www.langham.org를 방문하라.

서문

'현대를 산다'(contemporary)는 것은 현재 속에서 산다는 뜻이다. 그리고 과거나 미래에 대해 너무 염려하지 않고 시간의 흐름에 따라 살아가는 것을 뜻한다.

그러나 '현대를 사는 그리스도인'(contemporary Christian)이 된다는 것은, 과거에 대한 지식과 미래에 대한 기대 덕분에 풍성해진 현재를 사는 것이다. 기독교 신앙은 바로 이것을 요구한다. 왜 그런가? 우리가 신뢰하고 경배하는 하나님은 "알파와 오메가라. 이제도 있고 전에도 있었고 장차 올 자요 전능한 자"이시며,[1] 우리가 따르는 예수 그리스도는 "어제나 오늘이나 영원토록 동일하시[기]" 때문이다.[2]

그래서 이 책과 시리즈는 그리스도인들이 시간을 다루는 법, 곧 어떻게 우리의 사고와 삶 속에서 과거와 현재와 미래를 결합시킬 수 있는가를 다룬다. 우리는 두 가지 주된 도전에 직면한다. 첫째는 '그때'(과거)와 '지금'(현재) 사이의 긴장이며, 둘째는 '지금'(현재)과 '아직'(미래) 사이의 긴장이다.

서론에서는 첫째 문제를 펼쳐 보인다. 진정으로 과거를 존중하면서 동시에 현재를 사는 것이 가능한가? 주위 사람들과 동떨어지지 않으면서 기독교의 역사적 정체성을 온전히 보존할 수 있는가? 또 복음을 왜곡하거나 심지어 파괴하지 않으면서 그것을 흥미진진하고 현대적인 방식으로 전달할 수 있는가? 옛것을 신뢰하면서 동시에 새롭게 될 수 있는가, 아니면 둘 중 하나를 선택해야 하는가?

결론에서는 둘째 문제, 즉 '지금'과 '아직' 사이의 긴장을 다룬다. 아직 계시되거나 주어지지 않은 영역을 부당하게 침범하지 않으면서, 하나님이 그리스도를 통해 말씀하시고 행하신 모든 것을 우리는 어느 정도나 탐구하고 경험할 수 있는가? 어떻게 현재 있는 곳에 대해 득의양양하지 않고 아직 전개되지 않은 미래 앞에서 적절한 겸손을 보일 수 있는가?

과거와 미래가 끼치는 영향을 탐구한 이 두 부분 사이에, 현재 시대를 사는 그리스도인의 책임에 관한 탐구가 나온다.

이 시리즈는 '복음' '제자'(당신이 지금 손에 들고 있는 책) '성경' '교회' '세상'이라는 다섯 가지 제목으로 교리와 제자도 문제를 다룬다. 하지만 나는 이 주제들에 관한 모든 것을 망라하기는커녕, 사실 체계적으로 다루려 하지도 않았다.

시간이라는 주제 및 과거와 현재와 미래의 관계에 덧붙여, 이 책 전체를 꿰뚫고 흐르는 또 하나의 주제가 있다. 그것은 더 적게 말하고 더 많이 들어야 할 필요성에 관한 것이다.

나는 우리가 '이중 귀 기울임'이라는 어렵고도 심지어 고통스러운 과업으로 부름받았다고 믿는다. 우리는 고대의 말씀(Word)과 현대 세계(world) 둘 다에 (물론 존중하는 정도는 서로 다르지만) 주의 깊게 귀를 기울여야 한다. 성실하고도 민감하게 그 둘을 관련시키기 위해서다.

이 시리즈 각 책은 이중 귀 기울임의 시도다. 나는 우리가 이중 귀 기울임의 능력을 개발할 수만 있다면, (말씀에 대한) 불성실함과 (현대 세계에의) 부적실성을 피하고 오늘날 하나님의 세상에 하나님의 말씀을 효과적으로 말할 수 있으리라 확신한다.

1991년 존 스토트가 처음 쓴 서문에서 각색함

독자에게

이 책이 포함된 시리즈의 기초가 된 『시대를 사는 그리스도인』(*The Contemporary Christian*)이라는 제목의 원래 책은 사반세기 이상 지난 이후의 독자들에게는 더 이상 '시대를 사는' 것처럼 보이지 않을 수도 있다. 하지만 출판사와 존 스토트의 문서 집행인은 이 책에서 존 스토트가 다루는 쟁점들이 처음 쓰였을 때와 마찬가지로 오늘날에도 전적으로 적실하다고 확신한다.

문제는 어떻게 하면 새 세대의 독자들이 이 중대한 저술에 접근하기 쉽도록 만들 것인가 하는 점이었다. 우리는 다음과 같은 식으로 이 일을 하려고 애썼다.

- 기존 책의 다섯 가지 주요 부분에 기초해서, 여러 권의 작은 책으로 나누었다.
- 21세기 독자가 공감하지 못할 수도 있는 단어들은 최신 단어들로 개정하면서도, 원본에 있는 저자의 사고 흐름과 문체를 유지하기 위해 매우 주의를 기울였다.

• 반성과 응답을 돕기 위해 각 장 끝에 현재 기독교 베스트셀러 저자 팀 체스터가 만든 질문들을 첨부했다.

원 저서를 사랑하는 사람들은 새로운 세기에 들어서서도 이 책을 접할 수 있고 그 범위와 영향력이 확장되는 데에 기쁨을 표했다. 원 저서가 이미 많은 사람의 삶을 매우 풍요롭게 해 주었듯, 이 책을 읽는 독자들의 삶이 풍성해지기를 기도한다.

시리즈 서론

시대를 사는 그리스도인—그때와 지금

많은 사람이 '현대적 그리스도인'과 '현대적 기독교'라는 표현을 용어상의 모순처럼 여긴다. 기독교는 오늘의 세계에 살아가는 사람들과는 상관없는 먼 과거로부터 내려오는 고대의 유물이 아닌가?

이 시리즈에서 나는 '현대적 기독교'라는 것이 실재한다는 사실을 보여 주려고 한다. 그것은 최신식의 무언가가 아니라, 현대 세계와 민감하게 관련된, 원래의 역사적이고 정통적이며 성경적인 기독교다.

역사적이며 현대적인 기독교

먼저 우리는 기독교가 역사적 종교임을 재천명한다. 물론 모든 종교는 특정한 역사적 맥락에서 생겨났다. 그러나 기독교는 역사적 종교임을 특별히 강력하게 주장한다. 왜냐하면 기독교는 나사렛 예수라는 역사적 **인물**에 기초할 뿐 아니라, 그분과 관련한 특정한 역사적 **사건들**, 특히 그분의 탄생과 죽음과 부활에 의존하기 때문이다. 기독교가 발원한 유대교와는 이 점에서 공통 요소가 있다. 구약에서는 야훼를 '아브라함과 이삭과 야곱의 하나님'일 뿐 아니라 또한 아브라함과 언약을 맺으시고 이삭, 야곱과 이를 갱신하신 언약의 하나님으로 제시한다. 또한 '모세의 하나님'일 뿐 아니라 출애굽을 책임지신 구속자로, 나아가 시내산에서 다시 한번 언약을 갱신하신 분으로 제시한다.

그리스도인들의 마음과 정신은 과거에 일어난 이 결정적이고 역사적인 사건들에 영원히 고정되어 있다. 성경은 우리에게 그 사건들을 감사한 마음으로 회고해 보라고 계속해서 권고한다. 실제로 하나님은 의도적으로 그분의 백성들이 때마다 그분의 구원의 행동을 기억할 수 있도록 준비해 놓으셨다. 가장 중요한 주의 만찬 혹은 성만찬은 우리가 그리스도 속죄의 죽음을 정기적으로 떠올리고, 그래서 과거를 현재로 가져올 수 있도록 해 준다.

하지만 문제는 기독교의 토대를 이루는 사건들이 너무나 오래전에 일어났다는 점이다. 나는 몇 년 전에 두 명의 형제와 대화를 나눈 적이 있다. 그들은 학생들로, 자기 부모의 신앙을 거부했다고 말했다. 한 명은 이제 불가지론자였고, 또 한 명은 무신론자였다. 나는 이유를 물었다. 그들은 더 이상 기독교의 진리를 믿지 않았는가? 그렇지 않았다. 기독교가 **진리인가** 아닌가 하는 물음이 아니라, 그것이 현재 그들의 삶과 **관계있는가** 아닌가 하는 물음 앞에서 그들은 딜레마에 빠져 있었다. 도대체 어떤 연관성이 있겠는가? 그들은 이어서, 기독교는 오래전에 생겨난, 팔레스타인의 원시 종교라고 말했다. 그렇다면 흥미진진한 현대 세계에 살고 있는 그들에게 기독교가 도대체 무엇을 제시할 수 있다는 말인가?

기독교에 대한 이런 생각은 널리 퍼져 있다. 예수님이 살던 시대 이래로 세상은 극적으로 변했으며, 당황스러운 속도로 계속 변하고 있다. 사람들은 꼭 복음이 거짓이라고 생각해서가 아니라 더 이상 그것에 공감할 수 없기 때문에 거부한다.

이에 대응하여, 우리는 하나님이 과거에 말씀하신 것을 통해 지금도 계속 말씀하신다는 근본적인 기독교의 확신을 분명히 할 필요가 있다. 그분의 말씀은 진열장 안에 전시될 선사 시대의 화석이 아니라, 현대 세계를 위한 살아 있는 메시지다. 성경의 역사적 특정성과 현대 세계의 엄청난 복잡성을 인정한다 하더라도, 그 둘은 여전히 근본적으로 조화를 이룬다. 하나님의 말씀은 계속해서 우리 발의 등이요 우리 길의 빛이다.[1]

동시에 우리는 여전히 딜레마에 빠져 있다. 기독교는 자신의 진정한 정체성을 그대로 간직하면서 **또한** 자신의 적실성을 보여 줄 수 있을까?

우리 세대가 흥미를 갖게끔 예수님을 제시하려는 욕구는 분명 정당하다. 이것이 바로 독일의 목사 본회퍼(Bonhoeffer)가 2차 대전 당시 감옥에 있을 때 몰두한 일이었다. 그는 "나를 끊임없이 괴롭히는 것은…오늘날 우리에게 예수님은 어떤 분인가 하는 질문이다"라고 썼다.[2] 이것은 어려운 질문이다. 어느 세대에나 교회는 이 질문에 대답하고자 신약 저자들이 묘사한 모습에서 벗어난 그리스도의 이미지를 발전시키는 경향이 있었다.

예수님을 현대화하려는 시도들

현대적인 그리스도의 모습을 제시하려는 교회의 수많은 시도 중 몇 가지는 다음과 같다. 그중 어떤 것들은 다른 것보다 더 원래 모습에 충실했다.

우선 여러 세대의 수도승들과 은자들을 고취시켰던 **금욕주의자 예수**에 대해 생각해 보자. 예수님은 세례 요한과 매우 비슷했다. 그분 역시 낙타털로 만든 옷을 입었고, 샌들을 신거나 맨발로 다녔으며, 아주 맛있게 메뚜기를 드셨기 때문이다. 그러나 이런 묘사를 예수님이 사시던 당시 사람들의 비난, 곧 그분이 "와서 먹고 마[신다]",³ 파티에 가기를 즐기는 사람이라는 비난과 조화시키기는 매우 어려울 것이다.

그다음으로 **창백한 갈릴리인 예수**가 있다. 콘스탄티누스(Constantine) 대제가 로마의 이방신들 대신 그리스도를 숭배한 후에, 배교자 율리아누스(Julian) 황제는 다시 그 이방신들을 숭배하려고 애썼으며, 주후 363년에 임종을 맞는 자리에서 "그대가 이겼도다, 오 갈릴리인이여"라고 말한 것으로 알려졌다. 그의 말은 19세기의 시인 스윈번(Swinburne)이 쓴 다음과 같은 시구로 널리 퍼졌다.

그대가 이겼도다 오 창백한 갈릴리인이여
세상은 그대의 숨결로부터 잿빛으로 변했도다.

이런 예수의 모습은 중세의 미술과 스테인드글라스에 영구히 보존되어 있는데, 천상의 후광을 입은 채 핏기 없는 안색을 띤 예수가 눈을 들어 하늘을 보고 발을 전혀 땅에 디디지 않고 있는 모습으로 그려져 있다.

예수님을 연약하고, 고난받으신, 패배한 분으로 제시하는 것과 대조되는 묘사로, **우주적 그리스도 예수**가 있다. 이런 묘사는 비잔틴 교회 지도자들로부터 많은 사랑을 받았다. 그들은 예수님을 왕의 왕이며 주의 주로, 우주의 창조주이시며 통치자로 묘사했다. 그러나 만물 위에 높이 오르고 영화롭게 되어 다스리시는 그분의 모습은, 현실 세계나 심지어 성육신과 십자가에서 나타난 그분의 인성과는 동떨어져 보였다.

이와는 반대 극단의 신학적 견해로, 17세기와 18세기의 계몽주의 이신론자들이 자신들의 형상을 따라 구성해 낸, 신성이라고는 전혀 없고 완전히 인간적인 **상식 교사 예수**가 있다.[4] 가장 극적인 예는 1801-1809년 미국 대통령을 지낸 토머스 제퍼슨(Thomas Jefferson)의 작품이다. 그는 초자연적인 것은 이성과 양립할 수 없다고 거부하고, 손수 편집한 복음서들을 출판했다. 이 책에서 모든 기적과 신비는 조직적으로 제거되었다. 남은 것은 순전히 인간적인 도덕 교사에 대한 안내서였다.

20세기에는 광범위한 견해들이 제시되었다. 그중 뮤지컬을 통해 잘 알려진 두 모습이 있다. 먼저 〈가스펠〉(Godspell)의 **광대 예수**다. 광대 예수는 노래하고 춤추면서 시간을 보낸다. 그렇기에 예수님의 쾌활한 모습은 어느 정도 포착되지만, 예수님의 사명은 심각하게 고려되지 않는다. 이와 다소 비슷한 것이 〈지저스 크라이스트 슈퍼스타〉(Jesus Christ Superstar)다. 주인공은 미몽에서 깨어난 명사(名士)로서 한때는 자신이 누구인지 안다고 생각했지만 겟세마네에서는 더 이상 그것을 확신하지 못한다.

작고한 쿠바 대통령 피델 카스트로(Fidel Castro)는 종종 예수님을 '위대한 혁명가'라고 불렀으며, 돈 바꾸는 자들의 상을 뒤엎고 채찍으로 그들을 성전 밖으로 쫓아낸 것이 그분의 가장 특징적 행동인 양, 그분을 **자유의 투사 예수**로, 도시의 게릴라로, 검은 턱수염과 불타는 눈을 가진 1세기 체 게바라(Che Guevara)로 묘사하려는 시도는 그 외에도 많았다.

이런 다양한 묘사들은 그리스도를 현대의 유행에 맞게 새로운 모습으로 바꾸려는 경향이 되풀이되는 것을 보여 준다. 이는 사도 시대에 바울이 사람들에게 "우리가 전하지 아니한 예수"를 전파하는 거짓 교사들을 경고했을 때부터[5] 시작되었다. 이어지는 각 세대는 자기 나름의 이상과 열망을 가지고 예수님을 재해석하고 나름의 형상으로 그분을 창조해 내는 경향이 있다.

그들의 동기(현대적인 예수님의 모습을 그려 내겠다는 것)는 옳으나, 그 결과는 언제나 왜곡된다(그 묘사는 진정한 예수님의 모습이 아니므로). 우리가 마주한 도전은, 우리 세대에게 정확하면서도 호소력 있는 예수님의 모습을 제시하는 것이다.

이중 귀 기울임이라는 소명

예수님의 참모습을 저버리는 주된 이유는 현대의 동향에 너무 많이 신경 쓰고 하나님의 말씀에 너무 적게 신경 쓰기 때문이다. 적실성에 대한 갈망이 너무 집요해서 우리는 어떤 대가를 치르더라도 그것에 굴복해야 한다고 느낀다. 우리는 최신 유행에 노예가 되어, 현대성이라는 제단에 진리마저 제물로 바칠 준비가 되어 있다. 적실성을 추구하는 것은 인기에 대한 욕망으로 전락하고 만다. 부적실성의 반대 극단은 순응, 곧 원칙 없이 무기력하게 시대정신에 항복하는 것이다.

하나님의 백성은 그들에게 아주 적대적일 수도 있는 세상에 산다. 우리는 끊임없이 세상을 본받으라는 압력을 받는다.

그러나 감사하게도, 굳게 때로는 외로이 서서 타협을 거부한 몇몇 고귀한 사람들이 항상 있었다. 주전 6세기의 예레미야, 예수님 당시의 바울("모든 사람이 나를 버렸다"),[6] 4세기의 아타나시우스(Athanasius), 16세기의 루터(Luther)를 말하는 것이다.

오늘날 우리 역시 현대의 딜레마와 두려움과 좌절에 대해 말하면서도, 그 과정에서 성경의 복음을 타협하지 않겠다는 동일한 결심을 가지고 복음을 제시하려고 애써야 한다. 몇몇 걸림돌은 복음에 원래 내재되어 있어 복음을 더 받아들이기 쉽게 하기 위해 제거하거나 조절할 수 없다. 복음의 몇몇 특징은 현대인의 생각과 너무나 안 맞아서, 그것이 "참되고 온전한 말"[7]임을 알리려고 아무리 애써도, 항상 '어리석어' 보일 것이다. 십자가는 언제나 인간의 자기 의를 공격하고 인간의 방종에 도전할 것이다. 그 '수치'(걸림돌)는 절대로 제거될 수 없다. 교회는 세상과 구별할 수 없을 때가 아니라 그 둘을 구별하는 빛이 가장 밝게 빛날 때 참으로 진정한 메시지를 선포하게 된다.

하나님의 말씀을 다른 사람들에게 전하는 일에 열심을 내더라도, 우리는 반드시 말씀 자체에 신실해야 하며, 필요하다면 이를 위해 고난받을 준비도 해야 한다. 에스겔에게 주신 하나님의 말씀은 우리에게 격려가 된다. "그들을 두려워하지 말고…듣든지 아니 듣든지 너는 내 말로 고할지어다."[8] 우리는 유행을 좇도록 부름받은 것이 아니라 신실하고 적실하도록 부름받았다.

그렇다면 우리는 역사적이고 성경적인 기독교의 진리들로 형성되었으면서도 현대 사회의 실상을 완전히 꿰뚫는 '기독교 지성'을 어떻게 개발할 수 있을까? 먼저 이중 거부로부터 시작해야 한다. 하나님의 말씀에 열중한 나머지 세상을 직면하지 못할 만큼 말씀으로 **도피하는** 것과, 세상에 너무 몰두한 나머지 하나님의 말씀으로 세상을 판단하지 못할 만큼 세상에 **순응하는** 것 모두를 거부한다.

우리는 이런 이중 거부 대신, 이중 귀 기울임으로 부름받았다. 우리는 기대하는 마음으로 겸손하게, 때로는 거북하고 소화하기 어려운 말씀도 감당할 준비를 하고, 하나님의 말씀에 귀 기울여야 한다. 우리는 또한 주위 세상에도 귀를 기울여야 한다. 우리가 듣는 음성들은 날카롭고 귀에 거슬리는 항변의 형태를 띨 수도 있다. 괴로움에 처한 이들의 고뇌에 찬 부르짖음, 하나님과 불화하고 있는 사람들의 고통과 의심과 분노와 소외, 심지어 절망의 외침도 있을 것이다. 하나님의 말씀에 귀 기울일 때는 겸손히 순종하는 마음으로 이해하려고 애써야 한다. 그리고 우리가 이해한 것은 무엇이든 믿고 순종하기로 결심해야 한다. 세상에 귀 기울일 때는 정신을 바짝 차리고 비판적인 자세로 이해하려 애써야 한다. 그리고 그것을 믿거나 순종하지는 않지만, 세상의 처지에 공감하며 복음이 어떻게 세상과 관련되었는지를 발견하기 위해 은혜를 구해야 한다.

귀 기울이는 일은 누구에게나 어렵다. 하지만 그리스도인들은 다른 사람들보다 귀 기울이는 데 더 서툴지 않은가? 우리는 구약 욥기에 나오는 소위 '위로자'들에게서 배울 수 있다. 그들의 시작은 좋았다. 욥이 처한 어려움을 들은 그들은 자기 집을 떠나 욥을 방문했다. 그리고 욥의 고난이 얼마나 큰지 보고는 꼬박 일주일 동안 그에게 아무 말도 하지 않았다. 그들이 처음처럼 그렇게 계속 입을 다물고 있었다면 얼마나 좋았을까! 그러나 그들은 '모든 죄인은 자신의 죄 때문에 고난받는다'는 그들의 진부한 정설을 가장 둔감한 방식으로 욥 앞에 늘어놓았다. 그들은 욥의 말에 귀 기울이지 않았다. 분별없고 비정한 허튼소리들만 반복했을 뿐이다. 결국 하나님이 개입하셔서 그들이 하나님에 대해 바르게 말하지 않았다며 꾸짖으실 때까지 그랬다.

우리는 '이중 귀 기울임'(double-listening)을 개발해야 한다. 그것은 두 음성, 곧 성경을 통해 말씀하시는 하나님의 음성과 주위 사람들의 음성을 동시에 듣는 능력이다. 이 두 음성은 종종 서로 모순되지만, 우리는 둘 모두를 듣고 이 둘이 서로 어떻게 관련되는지 발견해야 한다. 이중 귀 기울임은 그리스도인의 제자도와 기독교 선교에서 필수 불가결하다.

'현대를 사는 그리스도인'이 되는 것은 이런 이중 귀 기울임을 훈련함으로써만 가능하다. 참되고도 새로운 좋은 소식을 전파하면서 하나님의 말씀을 세상에 적용하는 법을 배울 때, 우리는 '역사적'이라는 말과 '현대적'이라는 말을 결합시킨다.

간단히 말해서, 우리는 '그때'의 빛에 비추어 '지금'을 산다.

제자 | 서론

기독교적 제자도(즉 그리스도를 따르는 것)는 다방면으로 책임 수행을 요구한다. 그중 내가 택한 네 측면이 임의로 선택되었다고 여길지도 모르겠다. 그러나 네 가지 모두 과소평가되거나 간과되는 경향이 있다.

먼저 1장에서는 '듣는 귀'에 대해 다룰 것이다. 우리는 눈과 입술, 손과 발을 포함해 몸의 모든 기관을 거룩하게 하여 하나님께 바쳐야 하지만, 우리가 귀를 가장 중요하게 여길 만한 정당한 이유가 있다. 이 시리즈 서론에서 보았듯이, 모든 참된 제자는 귀를 기울이는 사람이다.

2장 '지성과 감정'은 창조주께서 우리를 이성적이고 감정적인 사람들로 만드셨다는 것을 상기시켜 주며, 인간 본성이 지니는 이 두 특징의 의미심장한 관계를 탐구한다.

3장에서는 '인도, 소명, 사역'이라는 제목하에 제자도란 섬김을 의미한다는 것을 발견하며, 우리가 삶 속에서 하나님의 뜻과 부르심을 어떻게 분별할 수 있는지 살펴본다.

　마지막 장은 성령의 첫 열매인 사랑을 논한다. 사랑이 기독교 제자도에서 최우선순위임은 성공회 기도서에 다음처럼 잘 표현되어 있다. "가장 뛰어난 자비의 은사, 평화의 띠, 모든 미덕을 묶어 주는 것, 그것 없이는 누구의 삶이든 하나님 앞에서 죽은 것으로 간주되는 것."

1

듣는 귀

기독교 제자도에서 가장 중요하지만, 매우 소홀히 여겨지는 요소 중 하나는 듣는 귀를 개발하는 것이라는 점을 이미 말했다. 듣기를 잘 못하는 사람은 좋은 제자가 될 수 없다.

사도 야고보는 그 점을 분명하게 말했다. 그가 혀를 "쉬지 아니하는 악이요 죽이는 독이 가득한 것"[1]이라고 경고한 것은 유명하다. 그러나 귀에 대해서는 그에 필적할 만한 비난을 하지 않았다. 그는 우리에게 너무 많이 말하지 말라고 역설하지만, 듣기는 아무리 많이 해도 지나치지 않다고 시사하는 듯하다. 그의 권면은 다음과 같다. "내 사랑하는 형제들아, 너희가 알지니 사람마다 듣기는 속히 하고 말하기는 더디 하며 성내기도 더디 하라. 사람이 성내는 것이 하나님의 의를 이루지 못함이라."[2]

하나님이 인간의 귀 안에 얼마나 놀라운 기관을 창조하셨는지! 물론 우리가 보통 귀라고 부를 때 그것은 **외이**(外耳)를 가리킨다. 외이는 머리 옆쪽에 다양한 형태와 크기로 붙어 있는 살로 된

돌출물이다. 거기에서 홈을 따라 2센티미터 들어가면 고막에 이르는데, 그 뒤에는 **중이**(中耳)가 있다. 중이에 있는 인체에서 가장 조그마한 뼈들(보통 침골, 추골, 등골이라고 알려진)이 소리를 스물두 배로 확대하여 **내이**(內耳)에 전달하면, 그곳에서 실제로 듣기 작용이 일어난다. 내이의 주요 구성 요소는 와우각(蝸牛殼)이라고 불리는 달팽이관이다. 달팽이관은 머리카락 모양의 극미한 세포들을 포함하고 있는데, 각각의 세포가 특정한 진동에 공명한다. 이제 진동들은 전류로 변환되어, 3만 개의 청각 신경 회로(꽤 큰 도시의 전화 설비를 구축하기에 충분한 회로 수)를 따라 소리를 뇌로 전달한다. 인간의 귀는 마땅히 "소형화의 승리"로 찬양받아 왔다.[3]

하나님이 만드신 이 기관이 얼마나 다재다능하고 민감한지 고려해 볼 때, 그 기관을 더 잘 사용하거나 듣는 역량을 개발하지 않는 것은 대단히 유감스러운 일이다. 단지 음악과 새들의 노래와 동물의 소리뿐 아니라, 대인 관계를 위한 대화의 가치를 염두에 두고 말하는 것이다. 본의 아니게 청각을 잃는 것은 견디기 어려운 신체장애다. 그러나 의도적으로 청각을 사용하지 않는 것은 죄이자 어리석은 행위다.

윌리엄 워튼(William Wharton)의 소설에 기초한 앨런 파커(Alan Parker)의 영화 〈버디〉(*Birdy*)가 다루는 주제 중 하나도 이것이다. 그 영화의 핵심 진술은 끝 무렵에서 툭 던지는 "아무도 더 이상 어느 누구의 말도 듣지 않는다"라는 대사다. 이 영화는 알과 버디라는 필라델피아의 두 청소년이 새처럼 날고 싶어 하는 버디의 이해할 수 없는 집착에도 불구하고 피워 낸 우정을 묘사한다. 그들은 베트남에 징집되어 둘 다 전투 중 폭탄 파편에 부상을 입는다. 알은 얼굴이 망가져 수술을 해야 했고, 버디는 심리적 손상을 입어 완강한 침묵 속에 틀어박힌다. 정신병원에 보내진 버디는 마치 새장에 갇힌 새처럼 독방에 웅크리고 앉아, 탈출을 꿈꾸며 창살로 가로막힌 창문을 끊임없이 올려다본다. 두 사람은 잔인한 전쟁의 여파 속에서 서로의 도움이 절실하지만 의사소통을 할 수가 없다. 그러다 마침내 돌파구가 생겨 그들의 우정은 회복된다. 그러나 그 배경은 사람들이 서로 더 이상 접촉하지 않는 적대적인 세상이다. 동정심 없는 어머니, 이해심 없는 여자 친구, 피비린내 나고 의미 없는 전쟁, 그리고 통찰력도 동정심도 없는 심리 치료사…. 알과 버디는 이제 다시 서로에게 귀를 기울이고 있지만, "아무도 더 이상 어느 누구의 말도 듣지 않는" 세상에서 예외적인 존재들처럼 보인다.

"듣기는 속히 하라"는 야고보의 호소는 따르기가 쉽지 않다. 우리 대부분은 강박감에 사로잡혀 쉬지 않고 말한다. 특히 설교자들은 더욱 그러하다! 듣기보다는 말하기를, 무지를 고백하기보다는 나서서 정보를 설명하기를, 비판받기보다는 비판하기를 더 좋아한다. 하지만 내가 누구이기에 이런 말을 하는가? 나도 이 점에서 누구 못지않게 큰 실수를 범한 사람이다. 한 예가 있다. 작은 사건일지 모르지만, 나에게는 큰 영향을 미쳤다. 월요일 아침, 런던에서 일어난 일이다. 올 소울스 교회(All Souls Church)의 직원들이 주간 모임을 위해 모였는데, 나는 의장을 맡고 있었다. 그 모임에서 다른 사람들은 내 관심거리가 아닌 것들을 계속

이야기하고 있었다(지금은 그것이 무엇이었는지 잊어버렸다). 부끄러운 말이지만 나는 그들의 말에 전혀 신경을 쓰지 않고 있었다. 그러자 당시에는 '뉴질랜드에서 온 성미 급한 식민지 청년'이었으나, 지금은 친밀하고도 귀중한 친구인 테드 슈로더(Ted Schroder)가 불쑥 이렇게 말했다. "존, 당신은 전혀 듣고 있지 않군요!" 나는 얼굴이 붉어졌다. 그의 말은 사실이었고, 누군가 이야기할 때 듣지 않는 것은 지극히 무례한 일이기 때문이다. 게다가 그 당시 우리 직원들 사이에 닥친 긴장들은 대부분 내가 그들의 말을 듣지 않는 것에 기인하고 있었다. 그래서 나는 회개했으며 그 후 여러 번에 걸쳐 더 잘 듣는 사람이 되게 해 달라고 기도해 왔다.

그렇다면 우리는 누구에게 귀 기울여야 하는가? 누구보다도 우선 하나님께 귀 기울여야 한다.

하나님께 귀 기울임

하나님에 대하여 성경에 계시된 독특한 진리 중 하나는 그분이 말씀하시는 하나님이라는 것이다. 죽어 있으며 말하지 못하는 이방 우상들과 달리, 살아 계신 하나님은 말씀하셨으며, 계속 말씀하신다. 우상들은 입이 있어도 말하지 못하지만 그분에게는 입이 없으나(그분은 영이시기 때문에) 말씀하신다. 그리고 하나님이 말씀하시므로, 우리는 들어야 한다. 이것은 구약을 구성하는 세 부분 모두에서 지속적으로 나타나는 주제다. 율법서를 보자. "네 하나님 여호와를 사랑하고 그의 말씀을 청종하며."[4] 그리고 성문서

안의 지혜서를 보자. "너희가 오늘 그의 음성을 듣거든."[5] 선지서에도 많은 예가 있다. 예를 들어 하나님이 계속 예레미야에게 탄식하신 문제인 이스라엘의 "완악함"은 그들이 "내 말 듣기를 거절"한다는 사실에 있다.[6] 이런 상황의 비극은 바로 하나님이 이스라엘에게 말씀하시고 그들을 부르신 것이, 그들을 특별히 구별된 백성으로 만들어 주는 핵심이라는 점이다. 그러나 그들은 하나님의 말씀을 듣지 않고 반응하지도 않았다. 그 결과는 심판이었다. "내가 불러도 그들이 듣지 아니한 것처럼 그들이 불러도 내가 듣지 아니하리라."[7] 이스라엘의 묘비에 새겨진 비문은 '여호와 하나님께서 그분의 백성에게 말씀하셨으나 그들은 듣기를 거부하였다'라고 말해도 무방할 것이다. 그리하여 하나님은 '그들이 나의 아들의 말은 들을 것이다'라고 말씀하시면서 자기 아들을 보내셨으나, 그들은 아들의 말을 듣기는커녕 그분을 죽여 버렸다.

오늘날에도 하나님은 여전히 말씀하신다. 그분이 어떻게 말씀하시는가에 대한 의견은 교회 내에서 다소 나뉘지만 말이다. 나는 오늘날 그분이 아브라함에게나[8] 소년 사무엘에게나[9] 다메섹 도상에서 다소 사람 사울에게[10] 하셨던 것처럼 직접 귀에 들리게 말씀하시지는 않는다고 믿는다. 또한 우리는 그분이 "사람이 자기의 친구와 이야기함같이…대면하여"[11] 우리에게 말씀하신다고 주장해서는 안 된다. 성경은 하나님과 모세가 맺은 친밀한 관계는 유일무이하며 독특한 것이었다고 명확하게 가르치기 때문이다.[12] 분명 그리스도의 양들은 선한 목자의 음성을 알고 그를 따른다.[13] 그것이 우리 제자도의 본질적인 부분이기 때문이다. 그러

1 듣는 귀 33

나 우리가 그분의 음성을 귀로 듣게 된다는 약속을 받은 것은 아니다.

그렇다면 선지자들을 통한 하나님의 간접적인 말씀은 어떠한가? 우리는 성경의 선지자들과 비견되는 선지자들이 오늘날에도 있다는 어떠한 주장도 단연코 거부해야 한다. 성경의 선지자들은 계시의 특별한 기관인 하나님의 '입'이었으며, 그들의 가르침은 교회가 세워진 터이기 때문이다.[14] 하나님이 어떤 사람에게 그분의 말씀과 뜻을 통찰하는 특별한 능력을 주시는 경우처럼, 제2의 예언적 은사가 있을 수 있다. 그러나 그러한 의사 전달이 무오하다고 생각해서는 안 된다. 그 대신 우리는 하나님을 대언(代言)한다고 주장하는 사람들의 인격과 메시지를 함께 평가해 보아야 한다.[15]

모든 세대의 교회가 인정해 온 것처럼, 오늘날 하나님이 우리에게 말씀하시는 주된 수단은 성경이다. 하나님이 성경 저자들을 통해 말씀하시고 그분의 섭리 아래 기록되고 보존된 말씀들은 사문(死文)이 아니다. 성령의 특별한 사역 중 하나는 하나님의 말씀이 "살아 있고 활력이 있어 좌우에 날 선 어떤 검보다도 예리"하도록[16] 만드는 것이다. 그러므로 우리는 하나님의 말씀을 성령과 분리하거나, 성령을 하나님의 말씀과 분리하면 안 된다. 하나님의 말씀은 "성령의 검"[17]으로, 그분이 자기 백성들의 삶 가운데 자신의 목적을 이루고자 사용하시는 주된 무기라는 간단한 이유 때문이다. 우리가 성경을 기록된 본문이자 살아 있는 메시지라고 여길 수 있는 것은 바로 이런 확신 때문이다. 그래서 예수님은 "무엇이라 기록되었느냐?"[18] "너희가…읽어 본 일이 없느냐?"[19]라고 물으셨으며, 바울은 그것을 거의 의인화해서 "성경이 무엇을 말하느뇨?"[20]라고 물을 수 있었던 것이다. 다시 말해 성경(기록된 하나님의 말씀을 의미한다)은 읽거나 들을 수 있는 것이며, 성경이 말하는 것은 하나님이 말씀하시는 것이다. 예로부터 내려오는 그분의 말씀을 통해 하나님은 현대 세계에 말씀하신다. 그분은 이미 말씀하신 것을 통해 지금도 말씀하고 계신다.

하나님은 우리에게 성경을 통해 "성령이 교회들에게 하시는 말씀"[21]을 들으라고 명하신다. 사람들이 종종 하나님의 말씀을 듣지 않거나, 듣지 못하거나, 들으려 하지도 않는 것은 구약 시대와 마찬가지로 오늘날에도 존재하는 비극이다. 하나님과 우리 사이에 의사소통이 안 되는 이유는 하나님이 죽으셨거나 침묵하시기 때문이 아니라, 우리가 듣지 않기 때문이다. 통화 중에 전화가 끊긴다고 해서 우리는 상대방이 죽었다는 결론으로 비약하지 않는다. 그렇다. 죽어 버린 것은 하나님이 아니라 우리의 전화선이다.

그리스도인들도 종종 하나님과 끊어질 수 있다. 이것이 우리가 때로 경험하는 영적 침체의 주된 원인 아닐까? 우리는 하나님의 말씀 듣기를 중단했다. 어쩌면 우리는 더 이상 매일 성경을 읽고 기도하는 경건 훈련을 하지 않을 수도 있다. 아니면 계속 경건 훈련을 한다고 해도 더 이상 하나님이 말씀하실 것을 기대하지 않기 때문에, 생생한 실체가 아닌 판에 박힌 일이 되었을 수도 있다. 그렇다면 우리는 사무엘과 같은 태도로 "여호와여, 말씀하옵소서. 주의 종이 듣겠나이다"[22]라고 말해야 한다. 우리는 하나님의 종처럼 이렇게 말할 수 있어야 한다. "[그가] 아침마다 깨우치시되 나의 귀를 깨우치사 학자들같이 알아듣게 하시도다."[23] 우리는 "주의 발치에 앉아 그의 말씀을 듣던"[24] 베다니의 마리아를 본받아야 한다. 물론 우리는 묵상을 할 뿐 아니라 행동해야 하고, 기도할 뿐 아니라 일해야 하며, 마리아와 같은 사람이 될 뿐 아니라 마르다와 같은 사람이 되어야 한다. 그러나 우리는 우리 안에서 마르다가 마리아를 밀쳐 내도록 하지는 않았는가? 우리는 예수님이 "좋은 편"[25]이라고 하신 것을 등한시하지는 않았는가?

서로에게 귀 기울임

이 두 번째 귀 기울임 영역에서 원리는 분명하다. 즉 공동체는 의사소통에 의해 좌우된다는 것이다. 서로 말하고 서로 귀를 기울여야 우리의 관계가 발전하고 성숙된다. 우리가 서로에게 귀 기울이기를 중단할 때 그 관계는 단절되어 버린다. 잠언은 서로의 말에 귀 기울일 필요성과 그 가치를 매우 강조한다. 예를 들어 "미련한 자는 자기 행위를 바른 줄로 여기나 지혜로운 자는 권고를 듣느니라."[26] 마찬가지로 "생명의 경계를 듣는 귀는 지혜로운 자 가운데에 있느니라."[27] 또한 "명철한 자의 마음은 지식을 얻고 지혜로운 자의 귀는 지식을 구하느니라."[28] 여기에는 충고와 꾸짖음과 교훈을 들으라는 권고와 더불어 그렇게 하는 자가 지혜로운 자라는 말이 나온다. 더구나 이처럼 귀 기울여야 할 필요성은 가정과 직장, 국가와 교회를 포함한 삶의 모든 영역에 적용된다.

첫째, 그것은 **가정**에 적용된다. 이런 말이 고리타분하게 들릴지 모르겠지만, 어린아이들과 젊은이들은 부모의 말을 들어야 한다. "내 아들아, 네 아비의 훈계를 들으며 네 어미의 법을 떠나지 말라."[29] 실제로 부모는 자녀가 생각하는 것보다 경험이 많으며, 그렇기 때문에 대체로 더 지혜롭다. 마크 트웨인은 이것을 솔직하게 인정하며 말했다. "내가 열네 살짜리 소년이었을 때 나의 아버지는 너무나 무식해서 이 늙은이가 내 주위에 얼쩡대는 것을 도저히 참을 수 없을 정도였다. 그런데 내가 스물한 살이 되자, 나는 그가 칠 년 동안 얼마나 많은 것을 배웠는지 발견하고는 깜짝 놀랐다!"[30]

하지만 어린아이가 부모의 말에 귀 기울여야 한다면, 부모도 자녀의 말에 귀 기울일 만큼 겸손해야 한다. 그렇지 않으면 그들은 결코 자녀의 문제를 이해할 수 없을 것이다. 왜냐하면 그들의 자녀가 자라는 이 세대는 그들이 젊었을 때 살던 세상과는 너무나 다르기 때문이다. 참을성 있게 서로에게 귀 기울이는 것만이 세대 차를 메워 줄 수 있다.

그다음, 남편과 아내는 서로에게 귀 기울여야 한다. 결혼의 와해에는 거의 항상 의사소통의 와해가 선행된다. 어떤 이유에서건 (태만, 피로, 자기중심성, 또는 업무상의 압박) 남편과 아내가 서로에게 귀를 기울이는 데 시간을 들이지 않는다. 그래서 그들의 관계가 소원해지며 오해, 의심, 불만, 원한 등이 마침내 너무 늦어 버릴 때까지 쌓이고 만다. 다시 귀 기울이기에 너무 늦은 때라는 것은 결코 없지만 말이다.

둘째, 귀 기울이는 것은 **직장**에서 필수적이다. 이제 듣는 기술의 중요성은 사업 경영에 관한 책과 세미나에 포함될 정도로 널리 인식되고 있는 듯하다. 예를 들어, 아서 로버트슨(Arthur Robertson)은 『효과적인 경청의 언어』(*The Language of Effective Listening*)에서 "효과적인 경청은 직업과 개인 생활에서 성공하기 위해 필요한 최고의 의사소통 기술"이라고 말한다.[31]

귀를 기울이는 것은 서로 충돌하는 상황에서 특히 중요하다. 노사 간 분쟁에는 거의 언제나 양측 모두에게 정당한 사정이 있다. 어떤 측도 전적으로 이기적이거나 무분별하지는 않다. 그러므로 화해를 위한 조정의 핵심은 양측이 서로 상대방에게 귀 기울이도록 설득하는 것이다. 양측이 함께 앉아서 각자의 편견에 찬 입장을 접어 두고 기꺼이 들으려 할 때에만, 화해의 가능성은 생겨난다.

셋째, 같은 원리가 **국가**에도 적용된다. 민주주의가 사람들의 동의를 얻어 국가를 통치하는 정치체제라면, 통치받는 사람들의 말에 귀를 기울여야 한다. 그렇지 않으면 그 국가는 국민의 동의를 얻었다고 여길 수 없을 것이다. 1864년 미국 남북전쟁이 끝나기 직전, 그리고 의회에서 노예제도를 폐지하는 헌법 수정안 제13조를 채택하기 전, 해리엇 비처 스토(Harriet Beecher Stowe)는 에이브러햄 링컨(Abraham Lincoln)과 인터뷰한 뒤 이렇게 썼다. "링컨은 온갖 상충하는 주장들, 반역자들, 내키지 않아 하는 소심한 사람들, 경계 주(Border States, 남북전쟁 전 자유 주에 인접해 있으면서도 노예제도를 택한 몇몇 주—옮긴이)의 사람들과 자유 주(남북

전쟁 전에 노예제도를 금지하던 주-옮긴이)의 사람들, 급진적인 노예폐지론자들과 보수주의자들에게 둘러싸여 있었지만, 그들 모두의 말을 듣고 그들 모두의 말을 깊이 생각했다…."[32] 갖가지 의견에 기꺼이 귀 기울이는 것은 정치가의 필수불가결한 특징이다.

넷째, 그것은 **교회**에서도 마찬가지다. 교회사는 길고도 다소 참담한 논쟁의 기록으로 얼룩져 있다. 보통 중요한 신학적 문제들이 연루되어 있었다. 하지만 그에 못지않게, 귀 기울이려 하지 않거나 귀 기울이지 못해 사태가 악화된 경우가 많다. 나는 먼저 다른 사람의 말을 듣거나, 그가 쓴 글을 읽거나, 아니면 되도록 그 둘 다를 하지 않고는 결코 신학적 논쟁에 관여하지 않는다는 원칙을 지키려 애써 왔다. 물론 의견 불일치가 언제나 대화로 극복될 수는 없다. 하지만 적어도 우리의 오해는 줄고, 우리의 입장은 일관성 있게 유지된다.

복음주의 그리스도인들 간의 논쟁일 경우에는 더욱 그렇다. 우리가 서로 떨어져 있을 때, 그리고 우리의 유일한 접촉이 비무장지대 너머 서로에게 수류탄을 던지는 것뿐일 때에는, 우리 마음속에 '적'의 모습-뿔과 발굽과 꼬리가 달린!-이 조성된다. 하지만 우리가 만나서 함께 앉아 이야기를 시작할 때, 우리의 적이 결코 마귀가 아니라 실로 정상적인 인간이며, 심지어 그리스도 안의 형제자매라는 것이 분명해질 뿐 아니라 상호 이해와 존중의 가능성이 커진다. 아니, 그 이상의 것이 있다. 우리가 다른 사람이 말하는 것뿐 아니라 그들이 하는 말의 **배경**이 무엇인지, 그리고 특히 그들이 열심히 보호하려는 것이 무엇인지 들을 때, 우리는

종종 우리 자신도 그와 똑같은 것을 보호하려 한다는 것을 발견하게 된다.[33]

이런 훈련이 쉽다고 주장하는 것은 아니다. 전혀 그렇지 않다. 쌍방의 논점을 인내심 있고 성실하게 듣는 것은 심각한 정신적 고통을 일으킬 수 있다. 그것은 양측 입장의 강점을 충분히 파악할 뿐 아니라 **실감할** 때까지 논쟁을 내면화하는 것을 포함하기 때문이다. 그러나 이것은 내가 이 책 시리즈에서 변론하고 있는 '이중 귀 기울임'의 또 다른 측면이다.

아마도 하나님은 바로 목사들에게 특별히 귀 기울임 사역을 맡기신 것 같다. 본회퍼는 특유의 통찰력으로 다음과 같이 썼다.

> 공동체 내에서 어떤 사람이 다른 사람에게 마땅히 해야 하는 첫 번째 섬김은 그의 말을 듣는 것이다. 하나님에 대한 사랑이 그분의 말씀을 듣는 것에서 시작하는 것과 마찬가지로, 형제 사랑의 시작은 그들의 말을 듣는 법을 배우는 것이다. 하나님이 우리에게 그분의 말씀만 주신 것이 아니라 그분의 귀도 주셨다는 것은 바로 하나님의 사랑이다. 그러므로 우리가 형제에게 귀를 기울이는 법을 배워서 그를 유익하게 하는 것은 바로 그분의 일이다. 그리스도인, 특히 목사들은 종종 자신이 다른 사람들과 함께 있을 때 항상 뭔가를 주어야 하며, 그것이 그들이 해야 하는 봉사 중 하나라고 생각한다. 그들은 귀를 기울이는 것이 말하는 것보다 더 큰 봉사가 될 수 있다는 것을 잊어버리고 있는 것이다.
>
> …형제를 목회하는 것은 하나님의 말씀을 전하는 과업에 덧붙

여서 상대방에게 귀 기울여야 할 책임이 있다는 사실 때문에, 본질적으로 설교와는 구분된다. 다른 사람이 말하려는 것이 무엇인지 벌써 안다고 생각하고는 반쯤만 귀를 기울이고 듣는 때가 있다. 그것은 형제를 무시하는 처사이며, 단지 자신이 말을 하여 다른 사람을 제압해 버릴 순간만을 고대하는 조급하고 부주의한 귀 기울임이다. 이것은 우리의 의무를 수행하는 것이 아니다.…그리스도인들은 귀 기울임의 사역이 위대한 경청자이신 그분에 의해 그들에게 위임되었으며 그분의 귀 기울이는 사역을 함께 나누어야 한다는 사실을 잊어버렸다. 우리는 하나님의 말씀을 온전하게 전할 수 있도록 하나님의 귀를 가지고 들어야 한다.[34]

세상에 귀 기울임

현대 세계에는 분노와 좌절, 고통의 부르짖음이 몹시 크게 울려 퍼지고 있다. 그러나 우리는 너무도 자주, 괴로움 가득한 그 소리들에 귀 기울이지 않는다.

첫째, 예수님의 이름을 한 번도 들어 보지 못했거나, 그분에 대해 들어 보았더라도 아직 그분께 나오지 않은 사람들의 고통이 있다. 소외되고 잃어버린 바 되어 마음에 무거운 상처를 간직한 사람들이다. 우리 복음주의자들은 그들의 문화적 상황이나 절실한 필요는 안중에 없이 복음을 들고 달려가고, 스스로 만든 연단에 올라 우리의 메시지만 낭독하는 습관이 있다. 그 결과 우리가 인정하고 싶어 하는 것보다 더 자주, 우리는 사람들이 흥미를 잃게 하고, 심지어 그들의 소외감을 가중시키기까지 한다. 그리스도를 전하는 우리의 방식이 무감각하고 서툴며 심지어 부적절하기 때문이다. 참으로 "사연을 듣기 전에 대답하는 자는 미련하여 욕을 당"한다.[35]

말하기 전에 듣고, 다른 사람의 사고와 감정의 세계를 공감하려고 애쓰며, 그들이 복음에 반대하는 이유가 무엇인지 파악하고자 노력하고, 그러고 나서야 그들의 필요에 관해 이야기하는 방식으로 예수 그리스도의 좋은 소식을 그들에게 나누는 것이 더 낫다. 이렇게 겸손히 알려고 애쓰는 행동이야말로 마땅히 '상황화'라고 부를 수 있다. 그러나 복음을 상황화할 때, 어떤 식으로든 그것을 조작해서는 안 된다는 사실을 꼭 덧붙여야겠다. 진정한 복음 전도를 하려면 '이중 귀 기울임'이 필요하다. 시리즈 서론에서 보았듯이, 그리스도인 증인들은 하나님의 말씀과 세상 사이에 놓여 있으므로 반드시 둘 다에 귀를 기울일 책임이 있다. 우리는 그리스도의 부요하심을 더 많이 발견하기 위해 하나님의 말씀에 귀 기울인다. 그리고 그리스도의 부요하심 중 어떤 것이 가장 필요하며, 어떻게 그것을 가장 적합하게 제시할 수 있을지 분별하기 위해 세상에 귀 기울인다.

이는 종교 간 대화의 본질과 목적을 보여 준다. 대화는 복음 전도의 동의어도, 대체물도 아니다. 대화란 우리가 말하고 가르칠 뿐 아니라 듣고 배울 준비를 하면서 진지하게 대담하는 것이다. 그러므로 그것은 온전한 입장을 견지하는 훈련이다. 맥스 워런(Max Warren)은 이렇게 썼다. "대화는 그 자체로 정당한 활동이다. 대화는 본질적으로 상호 간 '귀 기울임'의 시도, 다시 말해서 이해하려고 귀 기울이는 것이다. 이해는 대화의 보상이다."[36] 워런은 그 말이 무슨 의미인지 알았다. 자신의 자서전에서 다음과 같이 말하고 있기 때문이다.

> 나의 최초의 기억은 난로의 불빛이 춤추는 가운데 어머니가 나에게 책을 읽어 주시던 기억이다. 나는 불꽃을 들여다보면서 듣고 있었다. 그때 나는 세 살이나 네 살쯤 되었을 것이다.…스스로 책을 읽을 수 있기 오래전부터 나는 듣는 것을 배웠다. 이는 아마도 내가 배운 것 중 가장 귀중한 교훈이었을 것이다.…더구나 책을 읽는 것은 내게는 언제나 일종의 듣는 일이었다. 나에게는 책들이 언제나 '인물들'이었다. 그것은 내가 듣는 동안 저자라는 인물뿐 아니라 책 자체가 말을 했다는 의미다.[37]

둘째, 가난하고 굶주린 자들, 가진 게 없고 억눌린 자들의 고통이 있다. 우리 대부분은 비교적 최근에야 겨우 성경이 항상 하나님의 백성에게 부과해 온 책임, 곧 사회정의를 돌아보라는 책임에 눈뜨고 있다. 우리는 고난받는 자들의 부르짖음과 한숨에 더 유심히 귀 기울여야 한다. 여기에 우리가 소홀히 해 온, 그렇기 때문에 밑줄 그어 놓아야 할 성경 구절이 하나 있다. 그것은 자신의 백성 중 사회의식이 부족한 사람들에게 하나님이 보내시는 엄숙한 말씀을 포함하는 것으로, 잠언 21장 13절이다. "귀를 막고 가난한 자가 부르짖는 소리를 듣지 아니하면 자기가 부르짖을 때에

1 듣는 귀   43

도 들을 자가 없으리라."

누군가에게 귀 기울이지 않는 것은 그를 무시한다는 뚜렷한 표시다. 만일 우리가 누군가에게 귀 기울이기를 거부한다면 우리는 그를 귀 기울일 만한 가치가 없는 사람으로 여긴다고 말하는 셈이다. 하지만 귀 기울일 가치가 없는 자라는 측면에서 우리가 귀 기울이기를 거부해야 하는 유일한 존재가 있다. 바로 마귀와 그의 추종자들이다. 분별력과 판단력을 가지고 귀 기울이며, 누구의 말을 들을지 주의 깊게 선택하는 것이 지혜의 본질이다. 그렇게 하지 않아서 우리의 첫 조상이 에덴동산에서 어리석은 행동을 하고 만 것이다. 그들은 하나님의 진리를 듣는 대신 사탄의 거짓말을 믿었다. 그리고 우리도 종종 어리석게 그들을 본받으려 한다!

하지만 우리는 거짓말이나 선전 활동이든, 중상모략이나 험담이든, 더러운 말이나 모욕이든, 마귀의 거짓말에 귀 기울여서는 안 된다. "슬기로운 자는 수욕을 참느니라."[38] 익명의 투서 혹은 온라인 댓글에도 같은 원리가 적용된다. 보통 그런 투서들은 매우 무례하기 때문에 그것을 보고 나면 크게 낙담할 수 있다. 하지만 왜 우리가 자기 신분을 밝힐 용기도 없는 사람이 써 보낸 비난을 심각하게 여겨야 하는가? 19세기 말 런던의 목사였던 조셉 파커(Joseph Parker)가 어느 일요일 아침 교회의 높은 강대상 위로 올라가자, 교회 옆쪽 좌석에 앉아 있던 한 여인이 그에게 종이 한 장을 던졌다. 집어 들고 보니 '멍청이'라는 단 한 마디만 쓰여 있었다. 파커 박사는 이렇게 말했다. "나는 이제까지 살면서 많은 익명의 투서들을 받아 보았습니다. 이전에 받은 것들에는 보낸 사람의 서명은 없이 내용만 있었는데, 오늘 처음으로 내용은 없이 서명만 있는 투서를 받게 되었군요!"

우리가 거짓되거나 부당하거나 불친절하거나 불순한 말 듣기를 확고부동하게 거부한다면, 동시에 교훈과 충고, 비판과 책망, 바로잡아 주는 말, 다른 사람들의 견해와 관심사, 문제점과 어려움 등에 유심히 귀 기울여야 한다. 누군가가 잘 말했듯이, "하나님은 우리에게 두 개의 귀를 주셨지만 입은 한 개만 주셨다. 그것은 분명 우리가 말하는 것의 두 배로 들으라는 의미다."

하나님과 우리 동료 인간들에게 귀 기울이고자 시간을 내는 것은 예의와 존중의 표시로 시작해, 상호 이해를 돕고 관계를 깊게 만드는 수단으로 이어지며, 무엇보다도 그리스도인의 겸손과 사랑의 진정한 표시다. 그러므로 "사람마다 듣기는 속히 하고 말하기는 더디 하며 성내기도 더디 하라."

팀 체스터의 성찰 질문

1. 존 스토트는 "하나님은 이미 말씀하신 것을 통해 지금도 말씀하고 계신다"고 말한다. 성경을 과거에 하나님이 하신 말씀으로 볼 뿐 아니라, 오늘 그것을 통해 말씀하시는 수단이라고 볼 때 우리의 어떤 점이 달라질까?
2. 당신의 가정과 직장을 생각해 보라. 당신이 맺고 있는 관계 중, 더 많이 듣고 덜 말할 필요가 있는 관계가 있는가?

3. 당신과 다른 그리스도인이 의견이 다른 문제에 대해 생각해 보라. 그들이 하는 말 배후에는 무엇이 있는가? 그들이 보호하려 애쓰는 것은 무엇인가? 당신이 그들과 공유하는 공통점은 무엇인가?
4. 당신이 그리스도를 전하려 애쓰고 있는 개인이나 집단을 생각해 보라. 그들의 생각, 느낌, 복음에 대한 반대를 더 깊이 이해하기 위해 무엇을 할 수 있을까?
5. "귀를 막고 가난한 자가 부르짖는 소리를 듣지 아니하면 자기가 부르짖을 때에도 들을 자가 없으리라."[39] 가난한 자들에게 귀를 **연다는** 것은 당신에게는 무슨 의미인가?
6. 당신은 말하는 것을 더 좋아하는가, 듣는 것을 더 좋아하는가? 이것은 하나님과 다른 사람들에 대한 당신의 태도에 대해 무엇을 말해 주는가? 듣는 것과 사랑하는 것 사이에는 어떤 관계가 있는가?

2

지성과 감정

기독교의 제자도는 우리의 인격 전체와 관련된다. 우리는 마음과 목숨과 뜻과 힘을 다하여 주 하나님을 사랑해야 한다.[1] 우리의 지성은 새로워져야 하고,[2] 감정은 정화되어야 하며,[3] 양심은 거리낌이 없어야 하고,[4] 뜻은 하나님의 뜻에 굴복되어야 한다.[5] 제자도는 우리가 스스로에 대해 아는 모든 것을 하나님에 대해 아는 모든 것에 귀결시킬 것을 요구한다. 그렇지만 성경 저자들은 인간을 구성하는 여러 요소 중에서 지성과 감정을 가장 충분하게 다룬다. 그러므로 지성과 감정을 각각 살펴보고, 그다음 그 둘을 서로 관련시켜서 살펴보겠다.

지성

두 여성이 동네 슈퍼마켓에서 이야기를 나누고 있었다. 한 여성이 다른 여성에게 말했다. "무슨 일이 있어요? 안색이 좋지 않은

데요."

다른 여성이 대답했다. "네, 그래요. 나는 세상 돌아가는 상황을 생각하고 있어요."

첫 번째 여성이 말했다. "그렇군요. 매사를 더 냉정하게 받아들이고 싶으시면, 생각하기를 멈추세요!"

더 냉정하기 위해 덜 생각하라는 말은 다소 솔깃한 제안이다. 그러나 이 두 여성의 이야기에는 무분별함과 무의미함이라는 못난이 쌍둥이를 낳은 현대의 반지성적 분위기가 반영되어 있다.

우리는 이런 경향에 대해 사도 바울의 가르침으로 응수할 필요가 있다. "형제자매 여러분, 아이같이 생각하기를 멈추십시오(stop thinking like children). 악에는 어린아이(infants)가 되되, 생각에는 어른이 되십시오."[6] 바울은 슈퍼마켓에 있던 두 여성 중 한 사람이 사용한 말, 곧 '생각하기를 멈추라'(stop thinking)는 말로 시작한다. 그러나 그는 이어서 '아이같이'(like children)라고 말한다. 예수님이 우리에게 어린아이같이 되라고 말씀하신 것은 사실이다. 그러나 우리가 모든 면에서 어린아이를 모방하라는 의미는 아니다. 바울은 우리가 악에는 어린아이, 정말 '유아' 혹은 '아기'가 되라고 촉구한다. 악과 관련해서는 덜 세련될수록 좋기 때문이다. 그러나 사고하는 데 있어서는 어른이 되고 성숙해져야 한다. 바울이 이렇게 호소하는 배경에는 성경 전체의 계시가 있다.

첫째, 우리의 지성을 책임 있게 사용하는 것은 **우리의 창조주를 영화롭게 한다**. 그분은 (무엇보다도) 이성적인 하나님이시기 때문이다. 그분은 우리를 자기 형상에 따라 이성적인 존재로 만드셨다. 그분은 자연과 성경을 통하여 우리에게 이성적 계시를 이중으로 주셨다. 그리고 그분은 자신이 계시하신 것을 우리가 탐구하는 데 지성을 사용하기를 기대하신다. 모든 과학적 연구는 다음과 같은 확신에 기초한다.

- 우주는 이해할 수 있는, 심지어 의미 있는 체계다.
- 연구자의 지성과 연구되는 자료들은 근본적으로 상응하는 점이 있다.
- 그 상응점은 바로 합리성이다.

그 결과, "명백한 불합리성에 직면한 과학자는 그것을 최종적인 것으로 받아들이지 않는다.…그는 사실들이 서로 관련을 맺을 수 있는 어떤 합리적인 방식을 찾느라 분투한다.…세상의 궁극적인 합리성에 대한 이런 열렬한 믿음이 없다면, 과학은 비틀거리고 침체되며 죽어 버리고 말 것이다."[7] 그러므로 과학 혁명의 선구자들이 그리스도인이었다는 것은 우연이 아니다. 그들은 이성적인 하나님이 그분의 합리성을 세상과 그들 모두에게 새겨 놓았다고 믿었다. 이렇게 모든 과학자는 알든 모르든, 17세기 독일의 천문학자 요하네스 케플러(Johannes Kepler)의 말처럼 "하나님을 따라 하나님의 생각으로 사유하고" 있다.

성경을 성실히 연구하는 사람들 역시 "하나님을 따라 하나님의 생각으로 사유하고" 있다. 왜냐하면 하나님은 성경을 통하여 자신에 대한 계시를 훨씬 분명하고 충분하게 주셨기 때문이다.

그분은 자신의 생각을 말로 전달함으로써 '말씀하셨다.' 특히 그분은 우리 같은 죄인들을 향한 사랑과 예수 그리스도를 통해 우리를 구원하시려는 계획을 드러내셨다.

그렇다면 하나님이 우리를 이성적 존재로 만드셨는데 어떻게 우리가 이러한 피조물의 본질적 특성을 부인할 것인가? 하나님이 애써 자신을 계시하셨다면, 우리는 그분의 계시를 소홀히 여길 것인가? 그래서는 안 된다. 우리의 지성을 올바로 사용하는 것은 우리의 책임을 포기하는 것도, (계몽주의 지도자들이 그랬던 것처럼) 인간 이성의 자율성을 선포하는 것도 아니다. 우리는 하나님의 계시라는 자료를 판단해서는 안 되며, 그 자료들 아래 겸손히 앉아, 그것을 연구하고 해석하고 종합하고 적용해야 한다. 그렇게 해야만 우리는 창조주 하나님을 영화롭게 할 수 있다.

둘째, 지성을 책임 있게 사용하는 것은 **우리 그리스도인의 삶을 풍요롭게 한다.** 나는 지금 인간의 삶의 질을 고양시키는 교육, 문화, 예술 등을 생각하고 있는 것이 아니라, 특히 우리의 제자도를 생각하고 있다. 우리의 지성을 억누르면 참된 제자도는 있을 수 없다. 마틴 로이드 존스(Martyn Lloyd-Jones) 목사는 이렇게 썼다. "약 34년에 걸쳐 목사로서 경험한 것을 돌이켜볼 때, 내가 보기에 영적으로 자주 어려움에 처하는 사람들은 이해가 부족한 사람들이었음을 조금도 주저하지 않고 증언할 수 있다. 우리는 이 두 가지를 떼어 놓을 수 없다. 참된 이해가 없다면 우리는 실제적 삶과 경험의 영역에서 실패할 것이다."[8]

믿음과 관련해 이것을 설명해 보겠다. 놀라울 정도로 많은 사람이 믿음과 이성은 서로 양립할 수 없다고 생각한다. 하지만 성경에서 그 둘은 결코 서로 대립하지 않는다. 믿음과 보는 것은 대조가 되고 있지만,[9] 믿음과 이성은 그렇지 않다. 성경에 따르면 믿음은 그저 가볍게 믿는 것도, 미신도, "있을 법하지 않은 일이 일어나는 것을 비논리적으로 믿는 것"[10]도 아니다. 대신 믿음은 믿을 만한 분이라고 알려진 하나님을 사려 깊게 신뢰하는 것이다. 이사야 26장 3-4절을 살펴보자.

> 주께서 심지가 견고한 자를
> 평강하고 평강하도록 지키시리니
> 이는 그가 주를 신뢰함이니이다.
> 너희는 여호와를 영원히 신뢰하라.
> 주 여호와는 영원한 반석이심이로다.

이 구절들에서 하나님을 신뢰하는 것과 심지가 견고한 것(set the mind steadfastly upon him)은 동의어로 쓰였다. 그분을 신뢰하는 것이 합리적인 이유는 그분이 흔들리지 않는 반석이기 때문이며, 이런 믿음의 보상은 평강이다. 오직 하나님의 변치 않으심을 묵상해야 우리의 믿음이 자란다. 그리고 그분이 얼마나 견고한지 인식하면 할수록 우리의 믿음도 더욱 견고해진다.

아니면 우리가 하나님의 인도를 구할 필요성에 대해 생각해 보자. 하나님의 인도를 인간의 생각을 대체하는 것, 심지어 생각이라는 성가신 일을 직접 하지 않아도 되게 해 주는 편리한 수단으로 여기는 사람이 많다. 그들은 하나님이 그들의 지성은 무시하고, 대답이나 해결책을 그들 마음속에 갑자기 떠오르게 해 주시기를 기대한다. 물론 하나님은 얼마든지 그렇게 하실 수 있다. 아마 때로는 그렇게 하실 때도 있을 것이다. 그러나 하나님은 통상적으로 비합리적 과정이 아니라 합리적 과정, 즉 그분이 우리 안에 창조하신 바로 그 사고 과정을 통해 우리를 인도하신다.

시편 32편은 이것을 분명하게 말한다. 하나님의 인도에 대한 놀라운 삼중 약속이 담겨 있는 8절에서 하나님은 "내가 네 갈 길을 가르쳐 보이고 너를 주목하여 훈계하리로다"라고 말씀하신다. 그렇지만 하나님은 이런 약속을 **어떻게** 지키시는가? 9절에서 계속 이렇게 말씀하신다. "너희는 무지한 말이나 노새같이 되지 말지어다. 그것들은 재갈과 굴레로 단속하지 아니하면 너희에게 가까이 가지 아니하리로다." 그 약속과 금지 사항을 종합하면, 하나님은 우리에게 이렇게 말씀하고 계신 것이다. '나는 너희를 인도하며 너희에게 갈 길을 보여 주겠다고 약속한다. 하지만 내가 너희를 말이나 노새같이(즉 지성이 아니라 강제적인 힘으로) 인도할 거라고 기대하지 마라. 왜 그런가? 너희는 말도 노새도 아니기 때문이다. 말과 노새에게는 '이해력'이 없지만 너희는 그렇지 않다. 참으로 나는 너희에게 이해력이라는 귀중한 선물을 주었다. 그것을 사용하여라! 그러면 너희의 지성을 **통해** 내가 너희를 인도할 것이다.'

셋째, 우리 지성을 책임 있게 사용하는 것은 **우리의 복음 증거를 강화한다**. 현대의 복음 전도는 대부분 지성은 거의 무시한

채 감정과 의지에 호소한다. 하지만 우리는 복음을 전할 때 사람들에게 지성을 차단하거나 정지하도록 요구해서는 절대 안 된다. 복음은 우리의 지성을 낮출 것을 요구하지만, 또한 하나님의 진리에 우리의 지성을 열 것도 요구한다.

우리는 사도들의 관습에서 지성에 대한 이런 관심을 볼 수 있다. 바울은 고린도에서 세상의 지혜와 헬라인들의 수사학을 단념했다고 말하지만,[11] 그는 설교할 때, 교리적 내용도 논증을 사용하는 것도 단념하지 않았다. 바로 그 고린도에서 바울이 사람들에게 "강론하고"(reasoning), 그들을 "권면하려"(persuade) 애썼으며,[12] 에베소에서는 두 해 동안 날마다 세속의 강단에서 강연하고 토론했다고 누가는 기록했다.[13] 바울이 성령에 대해 확신하고 있었던 것은 사실이다. 그러나 성령은 진리의 영이시기 때문에, 사람들이 증거에도 불구하고 믿게 하는 것이 아니라, 바로 그 증거를 통해 그리스도를 믿게 한다. 오늘날에는 복음을 선포하는 것뿐 아니라 그것을 변호할 필요, 즉 변증학을 우리의 복음 전도에 포함시킬 긴급한 필요가 있다. 복음을 전하는 모든 상황에서 우리는 바울이 베스도에게 말한 것처럼 "내가 참되고 온전한 말을 하나이다"[14]라고 단언할 수 있어야 한다. 게다가 하나님은 과거에도 그렇게 하셨던 것처럼, 우리 시대에도 분명 복음을 변호하고 확증하는 과업을 위해 하나님이 주신 지성을 바치도록 일부 사람들을 부르고 계신다.[15]

그렇다면 우리는 우리도 모르게 무분별함을 예찬하거나 조금이라도 반지성주의를 따르고 지적으로 태만했던 죄를 회개해야 한다. 이런 것들은 부정적이고 속박하며 파괴적이다. 또한 하나님을 모욕하고, 그분의 백성을 무력하게 하며, 우리의 증언을 약화시킨다. 반면 우리의 지성을 책임 있게 사용하는 것은 하나님을 영화롭게 하고, 그분의 백성을 풍요롭게 하며, 세상에서 우리가 증언하는 바를 강화시킨다.

그러나 두 가지 제한 조건이 필요하다. 우리가 주의를 기울이지 않으면, 지성을 강조함으로써 두 종류의 '-주의'(ism)를 야기할 수 있기 때문이다. 바로 엘리트주의와 지성주의다. 엘리트주의란 기독교적 사고를 하는 사람을 대학 교육을 받은 소수 집단에만 국한하는 것이다. 그것은 단지 특별한, 심지어 배타적인 지식인 무리만 지성을 사용할 능력이 있다는 인상을 줄 것이다. 그러나 우리는 이런 얼토당토않은 개념에 강력히 반대해야 한다. 그리스도인들이 교육의 선구자 역할을 해 왔고 모든 사람이 자신의 잠재력을 최대한 발휘하도록 최선의 교육을 받기 원해 온 것은 사실이다. 그러나 기독교적 사고를 개발하는 데 정규 교육이 필수는 아니다. **모든** 인간은 하나님의 형상을 따라 이성적 존재로 창조되었고, 누구나 사고하는 법을 배울 수 있기 때문이다. 나는 리버풀에서 목사들에게 강연하면서 하나님이 주신 우리의 지성을 사용해야 한다고 말한 적이 있다. 내 말이 끝나자마자, 어떤 사람이 내가 기독교를 지성인들에게만 국한하고 자기가 사역하는 노동자 계층은 배제했다고 반박했다. 나는 대답할 필요가 없었다. 도시의 저소득층 지역에서 일하는 몇몇 사역자가 즉시 발끈하며 일어서서 그에게 이렇게 말했기 때문이다. "당신은 노동자 계층을 모욕하고 있습니다." "그들은 당신처럼 정규 교육은 받지 않았을지 모르지만 당신만큼 지성적이며, 생각할 능력을 가지고 있습니다." 그렇다면 우리의 과업은 지적 엘리트를 양성하는 것이 아니라, 모든 하나님의 백성이 생각하도록 격려하는 것이다.

두 번째 위험은 지성주의, 곧 지나치게 이지적이면서 감정에는 충실하지 않은 기독교를 장려하는 것이다. 뇌만 있고 내장은 없는 것이다. 하지만 사람들에게 지성을 사용하라고 촉구하는 것은 감정을 억누르라고 촉구하라는 의미가 아니다. 나는 종종 런던 현대기독교연구소(Institute for Contemporary Christianity) 학생들에게 우리가 "올챙이를 키우는" 일을 하는 게 아니라고 말한다. 올챙이는 머리만 클 뿐 그 밖에는 아무것도 없는 조그만 생물이다. 분명 우리 주위에는 올챙이 그리스도인이 일부 있다. 그들의 머리는 건전한 신학으로 부풀어 올라 있지만, 그게 그들의 전부다. 우리는 사람들이 그와 달리 기독교적 지성뿐 아니라 기독교적 감정, 기독교적 영성, 기독교적 양심, 기독교적 의지를 개발하도록, 참으로 그리스도의 주되심 아래 철저히 통합된 전인적인 그리스도인이 되도록 돕는 데 관심이 있다. 여기에는 우리의 감정이 포함될 것이다.

체임 포톡(Chaim Potok)의 책 『선택받은 사람들』(*The Chosen*)[16]과 그 책에 근거한 영화가 이를 잘 보여 준다. 제2차 세계대전 기간과 그 이후에 뉴욕 브루클린에서 자란 두 유대인 청소년의 이야기를 다룬 작품이다. 대니 손더스의 아버지는 엄격한 하시디즘(Hasidism, 18세기 폴란드에서 일어난 유대교의 한 파로서 신비적 경향이 강함–옮긴이)의 랍비였으며, 루벤 말터의 아버지는 자유분방한 유대주의 전통에서 글을 쓰는 작가였다. 두 소년이 친구가 되면서 이 두 전통은 서로 충돌을 일으킨다. 이 책 전반에 걸쳐 랍비 손더스는 우리를 놀라게 한다. 그는 매우 인간적이지만 탈무드를 가르칠 때 외에는 대니에게 결코 말을 하지 않기 때문이다. 대신 그는 대니 앞에서 "불가사의한 침묵"[17]을 지킨다. 거의 맨 마지막에 이르러서야 그 미스터리가 설명된다. 랍비 손더스는 하나님이 그에게 영리한 아들, "보석과 같은 지성을 지닌 아이"를 주시는 복을 허락하셨다고 말한다. 그는 대니가 겨우 네 살이었을 때 책 읽는 것을 보았다. 그러나 대니가 그 책을 "곧이곧대로 받아들이는" 걸 보고 충격을 받는다. 그 책은 어느 가난한 유대인의 고통을 묘사하고 있었는데, 대니는 그것을 즐긴 것이다! "나의 네 살배기 대니에게는 영혼이 없었고, 오직 지성만 있었다. 그는 영혼이 없는 육체 속의 지성이었다."[18] 그래서 그 랍비는 하나님께 부르짖는다. "제게 무슨 일을 하셨나이까? 내 아들에게 이런 지성이 필요합니까? 내 아들에게는 **가슴**이 필요합니다. 내 아들은 **영혼**이 필요합니다.…긍휼, 정의, 자비, 고난을 견디고 고통을 참을 힘, **이것이** 바로 내가 내 아들에게 원하는 것입니다. 영혼 없는 지성이 아니란 말입니다!"[19] 그래서 랍비 손더스는 고대 하시디즘 전통을 따라 그 소년을 침묵으로 양육한다. 그럴 때 "우리 사이의 침묵 속에서 그는 세상이 울부짖는 것을 듣기 시작했기"[20] 때문이다. 마지막에 아버지와 아들이 화해하는 장면에서 그 랍비는 대니가 "침묵의 지혜와 고통을 통하여 가슴이 없는 지성은 아무것도 아니라는 것을" 배워야 했다고 말한다.

감정

독자들은 아마도 나를 감정적인 사람이라고 생각하지 않을 것이다. 나는 냉담한 영국인으로, 열정적인 켈트 사람이나 라틴 사람의 피가 흐르지 않는, 엄한 스칸디나비아 사람들과 무뚝뚝한 앵글로색슨 사람들의 후손이기 때문이다. 이런 혈통을 이어받은 나는 점잖고 부끄럼 잘 타는, 심지어 다소 억눌린 사람이 되어야 했다. 더욱이 '꼭 다문 윗입술'의 철학을 바탕으로 한 엘리트 영국 학교에서 교육을 받았다. 윗입술을 떠는 것은 감정을 눈에 보이게 드러내는 첫 번째 표시이므로, 우리는 윗입술을 굳게 다물도록 배웠다. 나는 용기, 인내, 자제와 같은 '남자다운' 미덕을 배웠다. 설사 어떤 감정을 느끼더라도 결코 그것을 드러내지 말라고 배웠다. 우는 것은 여자와 어린아이나 하는 짓이지 남자가 할 일이 절대로 아니었다.

하지만 그러다가 나는 예수 그리스도를 소개받았다. 이전에 나는 그분이 '고통을 느끼지 않는다는 것'(impassibility)이 어떤 감정도 느낄 수 없다는 의미라고 생각했는데, 놀랍게도 하나님이 (인간적인 말로 하면) 자신의 불타는 듯한 분노와 상처받기 쉬운 사랑에 대해 말씀하신다는 것을 알았다.[21] 나는 또한 완전한 인간이었던 나사렛 예수가 입을 꼭 다문 채 감정에 흔들리지 않는 금욕주의자가 아니라는 사실도 발견했다. 그와 반대로 그분은 위선자들에게 분노를 발하셨고, 부자 관원을 돌아보고 그를 사랑하셨으며, 영적으로 즐거워하기도 하셨고, 영적 고뇌로 핏방울 같은 땀을 흘리기도 하셨으며, 끊임없이 긍휼을 보이시고, 심지어 공개적으로 두 번이나 눈물을 흘리기도 하셨다는 것을 알게 되었다.

이 모든 증거들에서 우리는 감정을 억누를 필요가 없다는 것을 분명히 알 수 있다. 감정은 우리 인간됨의 본질이며, 그리스도인의 제자도에서 본질적인 한 부분이기 때문이다.

첫째, **영적 체험**에서 감정이 차지하는 부분이 있다. 우리가 본 것처럼 성령은 진리의 영이시다. 그러나 그분의 사역은 우리의 지성을 조명하고 우리에게 그리스도에 대해 가르치는 것에서 끝나지 않는다. 그분은 또한 우리 마음에 하나님의 사랑을 부어 주신다.[22] 그분은 우리의 영이 우리가 하나님의 자녀임을 간증하게 하신다. 그분은 우리가 그분을 '**아바** 아버지'라고 부르게 하시며,[23] 감사함으로 "보라, 아버지께서 어떠한 사랑을 우리에게 베푸사 하나님의 자녀라 일컬음을 받게 하셨는가"[24]라고 경탄할 수 있게 하시기 때문이다. 게다가 우리는 아직 그리스도를 보지 못하였지만, 그럼에도 이미 그분을 사랑하고 신뢰하며, 또한 그로 인하여 "말할 수 없는 영광스러운 즐거움으로 기뻐"한다.[25]

물론 영적 체험에는 여러 종류가 있으며, 그것을 정형화하려 해서는 안 된다. 또한 우리는 모든 사람이 정확히 똑같은 경험을 한다고 주장해서도 안 된다. 그럼에도 모든 그리스도인은 적어도 가끔은 심오한 슬픔과 심오한 기쁨을 느낀다. 한편 우리는 우리의 최종적 구속을 갈망하고 자신의 타락에 힘겨워하면서, 타락한 피조물들과 연대하여 "속으로 탄식"한다.[26] 다른 한편으로 우리는 우리를 사랑하신 주님의 그 큰 사랑에 온통 감격하며 주 안에서 기뻐한다.

둘째, **공적 예배**에서 감정이 차지하는 부분이 있다. 히브리서 12장 22-24절은, 예배를 위해 모일 때 우리가 단지 '교회당', 즉 어떤 건물에 오는 것이 아니라고 말한다. 왜냐하면 우리는 이미 "시온산과 살아 계신 하나님의 도성인 하늘의 예루살렘"에 이르렀기 때문이다. 우리는 "천만 천사와 하늘에 기록된 장자들의 모임"에 이르렀다. 우리는 "만민의 심판자이신 하나님과 및 온전하게 된 의인의 영들과 새 언약의 중보자이신 예수와 및 아벨의 피보다 더 나은 것을 말하는 뿌린 피" 앞에 이르렀다. 이런 우주적 차원에 대한 인식은 우리의 예배를 변화시킨다. 어쩌면 이번 주일요일에 모인 사람들은 하나님의 사람들 중 소수일 수 있다. 그들 사이에는 다양성도 별로 없을 수 있다. 하지만 1928년 기도서 내용처럼 우리가 "전능하신 하나님과 하늘의 온 무리 앞에" 모여 있다는 것을 기억하라. 그리고 성찬 예식에서 우리는 "천사들과 천사장들, 그리고 하늘의 온 무리"와 함께 하나님의 영화로운 이름을 찬양한다. 즉 우리는 우리들 너머의 영원하고 보이지 않는 실재로 옮겨 가는 것이다. 우리는 우리가 말하고 노래하는 영광에 의해 감동을 받으며, 겸손하고 즐거운 마음으로 하나님께 예배한다.

셋째, **복음 전파**에서 감정이 차지하는 부분이 있다. 앞서 살펴보았듯이 사도 바울은 지성을 사용했다. 그는 자신의 메시지가 진리임을 믿었다. 그는 그것을 충분히 변호하고 설명하며 논증하고 선포하려 애썼다. 그러나 그가 하나님의 전체 계획을 펼쳐 보이는 일은 결코 냉랭하거나 무미건조하지 않았다. 반대로 그는 하나님이 "화목하게 하는 말씀을 우리에게 부탁하셨느니라. 그러므로 우리가 그리스도를 대신하여 사신이 되어 하나님이 우리를 통하여 너희를 권면하시는 것같이 그리스도를 대신하여 간청하노니 너희는 하나님과 화목하라"고 썼다.[27] 바울은 복음을 진술하는 것으로 만족하지 않았다. 그는 또한 사람들에게 그 복음에 반응하라고 호소했다. 그는 체계적인 해설에 덧붙여 개인적으로 긴급히 반응하도록 호소했다. 그리고 종종 그의 선포에는 눈물이 수반되었다고 말한다.[28]

일부 설교자들은 교리나 말의 표현 면에서 흠잡을 데가 없다. 그러나 절대 눈물 젖은 눈으로 강단에서 몸을 굽혀 하나님과 화목하라고 탄원하지는 않을 것이다. 어떤 설교자들은 결단을 촉구하면서 열광적으로 흥분하지만, 결코 복음을 주의 깊고 설득력 있게 진술하지는 않는다. 우리는 왜 한쪽으로 치우쳐야 하는가? 진정한 설교자를 만드는 것은 진리와 눈물, 지성과 감정, 이성과 열정, 설명과 호소의 결합이다. 로이드 존스 목사는 "설교란 무엇인가?"라고 질문한 뒤 계속해서 다음과 같이 답하기 때문이다. "불타는 논리! 가슴을 울리는 이성! 이런 것들은 모순인가? 물론 그렇지 않다. 이 '진리'에 관련된 이성은 가슴을 뜨겁게 울려야 한다.…설교는 불타는 사람을 통해서 나오는 신학이다."[29]

넷째, **사회·목회적 사역**에서 감정이 차지하는 부분이 있다. 다른 모든 점에서처럼 이 점에서도 예수님이 우리의 완벽한 모범이시다. 나사로의 무덤가에서 죽음의 실체와 직면하여 서 계신 예수님의 모습을 보라. 성경에 따르면 죽음은 하나님이 지으신 선한 세계에 침입한 이질적인 것으로, 하나님의 원래 목적이나 궁극적인 목적이 아니다. 성경은 죽음을 "맨 나중에 멸망받을 원수"[30]라고 부른다. 그렇다면 예수님은 하나님과 인류의 대원수인 죽음과 대면했을 때 어떻게 반응하셨을까? 놀랍게도 그분은 두 가지 격렬한 감정으로 반응하셨다.

첫째, 그분은 화 또는 분노를 발하셨다. 요한복음 11장 33절과 38절을 보면 그분은 '탄식하셨다'(groaned: AV), '한탄하셨다'(sighed: NEB), 혹은 '깊이 마음 아파하셨다'(was deeply moved: RSV, NIV)라고 나온다(개역개정에는 '비통히 여기시고' – 옮긴이). 헬라어 동사 '에네브리메사토'(*enebrimēsato*, 33절)는 그분이 '씩씩거렸다'는 것을 의미한다. 그 단어는 문자적으로는 말에게 사용되고, 비유적으로는 분노를 나타내는 데 사용되었다.[31] 바레트(C. K. Barret)는 요한복음 11장을 주석한 글에서 "엠브리마스타이(*embrimasthai*)가 분노를 나타낸다는 것은 의문의 여지가 없다"고 썼다. 워필드(B. B. Warfield)는 더 나아가 다음과 같이 말했다. "요한이 우리에게 말하는 것은…예수님이 억제할 수 없는 비통함의 상태가 아니라 억누를 수 없는 분노의 상태로 나사로의 무덤으로 다가가셨다는 것이다." 왜 그런가? 그분은 "사망의 악함, 그것의 부자연함, 칼뱅이 표현했듯이 그것의 '폭력적인 횡포'를 보셨기 때문이다." 그분은 "인간을 억압하는 자에 대한 분노로 타올

랐다.…격분이 그분을 사로잡았다. 그분의 전 존재는 침착을 잃고 혼란스럽게 되었다.…그분의 분노의 대상은 죽음이며, 죽음의 배후에 있는 바 사망의 권세다. 그분은 바로 그를 멸망시키기 위해 이 세상에 오신 것이다."[32]

그다음 예수님의 또 다른 감정적 반응이 나온다. 바로 슬픔과 긍휼이다. 복음서를 보면 각기 다른 일곱 가지 상황에서 예수님은 사람들을 '불쌍히 여기셨다.' 예를 들면 지도자 없이 굶주리고 있는 무리들, 나인성의 과부, 문둥병자와 눈먼 거지 등과 같은 사람들 앞에서다. 요한복음 11장에도 "예수께서 눈물을 흘리시더라"(35절)라고 기록되어 있다. 이제는 사망과 마주하여 흘리시는 분노의 눈물이 아니라 오빠와 사별한 여동생을 불쌍히 여기는 눈물이었다. 죽음과 사별에 직면하여 이처럼 마음이 움직이는 예수님을 보는 것은 아름답지 않은가? 그분은 죽음 앞에서는 분노를 느끼셨고, 죽음의 희생자들에 대해서는 긍휼을 느끼셨다. 먼저 그분은 '비통히 여기셨고'(33절), 그다음에는 '눈물을 흘리셨다'(35절).

개인적으로 나는, 더 많은 그리스도인이 세상의 악에 분노하고, 더 많은 그리스도인이 악의 희생자들에게 동정을 느끼기를 간절히 바란다. 사회적 불의와 정치적 횡포, 자궁 안에 있는 태아를 마치 하나의 세포 조직에 불과한 것처럼 무자비하게 살해하는 것, 또는 다른 사람들의 약점을 이용하여 그들을 파멸시키는 대가로 한몫 챙기는 마약 밀매자들과 도색 작가들의 자기 이익만 좇는 악을 생각해 보라. 하나님이 이런 악을 비롯해 다른 많은 악을 가증하게 여기신다면, 그분의 백성들은 그것에 분노로 반응해야 하지 않는가? 또한 악의 희생자들—가난한 사람들, 굶주린 사람들, 집도 없고 부모에게 버림받은 거리의 아이들, 이기적인 사회에서 위험에 처한 태아들, 고문당하는 양심수, 복음을 전혀 들어 보지 못한 소외되고 잃어버린 사람들—은 어떤가? 우리의 의분은 어디에 있는가? 고난받는 자들을 위해 실제 행동으로 표현될 예수님의 긍휼은 어디에 있는가?

나는 밥 겔도프(Bob Geldof)가 어떤 신앙을 가졌는지는 모른다. 그러나 그의 사회적 양심과 그가 벌이는 운동은 많은 그리스도인을 부끄럽게 한다. 무엇이 '후줄근한 아일랜드 대중 가수'를, 아프리카에서 일어나는 참혹한 기근으로 세상의 눈을 돌리게 한 영웅 '성자 밥'으로 변화시켰나? 1984년 말 에티오피아의 기근을 보도한 텔레비전 뉴스를 보면서 그는 소위 '세속적 회심'을 경험했다. 그가 텔레비전 화면에서 본 사람들은 "기아로 인해 너무 쪼그라들어 마치 다른 별에서 온 사람들처럼 보였다."[33] "나는 구역질이 나고 화가 나서 격분했다"고 그는 말했다. "그러나 그 모든 것보다 나는 깊이 부끄러움을 느꼈다."[34] 이런 경험에서 '밴드 에이드'(Band Aid)와 '라이브 에이드'(Live Aid), 그 외의 다른 운동이 태동했고, 그들은 수백만 파운드를 모금하기에 이르렀다. 무엇이 밥이 이런 일을 하도록 이끌었는가? 그것은 "동정심과 구역질"[35]의 결합이었다.

지성과 감정

지금까지 우리는 지성과 감정을 따로 살펴보면서, 둘 다 그리스도인의 제자도에 필수적 위치를 차지하고 있음을 알게 되었다. 우리는 생각이라고는 전혀 하지 않는 지나치게 감정적인 그리스도인이 되면 안 된다. 그리고 아무런 감정도 느끼지 못하는 지나치게 지적인 그리스도인이 되어서도 안 된다. 그렇다. 하나님은 우리를 인간으로 만드셨으며, 인간은 이성적이며 감정적인 존재로 창조되었다.

그러나 우리의 지성과 감정은 서로 어떻게 연관되어야 하는가? 성경이 강조하고 있는 두 가지 특별한 관계가 있는데, 지성은 그 관계에서 우선적 역할을 한다. 그것들은 또한 상호 보완적인데 첫 번째 관계는 부정적이고, 두 번째 관계는 긍정적이라는 점에서 그렇다.

첫째, 부정적으로, **지성은 감정을 통제한다.** 또는 그래야 한다. 인간의 감정을 자유롭게 표현해야 한다고 주장하는 사람들은 언제나 있었다. 예를 들어, 그리스 사람들이 디오니소스와 동일시한 술의 신 바쿠스는 술과 춤과 성(性)으로 질펀한 파티에서 숭배를 받았다. 프로이트가 말한 '억압'이라는 말의 의미를 완전히 깨닫지 못한 통속적 프로이트주의는 우리가 감정을 억누를 때 생기는 위험성을 가르쳐 왔다. 그리고 어떤 실존주의 부류는, 우리 자신이 되고 우리 자신을 표현하는 것에서 진정한 자아를 찾으라고 촉구하면서 이런 개념을 더 자극시켜 왔다.

그러나 그리스도인들은 이런 가르침을 좇아 감정의 고삐를 풀어 버려서는 안 된다. 우리의 전 존재는 우리가 물려받은 죄로 인해 더럽혀지고 왜곡되었으며, 거기에는 감정도 포함되기 때문이다. 우리가 모호한 존재이기 때문에 감정들 역시 모호하다. 어떤 것들은 선하며 어떤 것들은 악하기 때문에 우리는 그것들을 분별하는 법을 배워야 한다.

분노를 예로 들어 보자. "분을 내어도 죄를 짓지 말[라]"[36]는 명령은 분노에 두 종류가 있음을 말해 준다. 하나님이 악에 대해 느끼신 것과 같은 의로운 분노가 있다. 그리고 "육체의 일" 중 하나인 불의한 분노(교만과 시기와 악의와 심술과 원한으로 오염된)가 있다.[37] 따라서 우리 안에 분노의 감정이 일어날 때 그것을 무비판적으로 표출하는 것은 매우 어리석은 짓이다. 그 대신 우리는 스스로 이렇게 물어보아야 한다. "잠깐! 내 안에서 불타기 시작하는 이 분노는 무엇이지? 의로운 분노인가, 불의한 분노인가? 악에 대한 분노인가, 아니면 단순히 상처받은 허영심인가?"

또한 사랑을 생각해 보자. 우리는 어떤 유부남이 다른 여자와 사랑에 빠져서 스스로 어떻게 할 수가 없고, 이것은 '진짜'이기 때문에 자기 아내와 이혼해야만 한다고 말할 때 어떻게 답해야 할까? 나는 우리가 이렇게 말해야 한다고 생각한다. "잠깐! 당신은 당신 감정의 무력한 희생자가 아닙니다. 당신은 아내에게 일생 동안 헌신하기로 했습니다. 당신은 다른 여인을 잊어버려야 합니다. 그리고 잊어버릴 수 있습니다."

분노와 사랑이라는 이 두 예를 보면, 두 감정 모두 자기중심성으로 더럽혀질 수 있다. 우리는 먼저 스스로에게 엄중한 질문을 던져 보기 전에 결코 이런 감정들에 굴복해서는 안 된다는 것을 깨닫는다. 두 경우 모두 지성이 감정을 검열해야 한다.

둘째, 긍정적으로, **지성은 감정을 자극한다.** 우리 마음에 불이 붙는 때는 우리가 진리를 묵상할 때다. 엠마오로 가던 두 제자를 생각해 보라. 부활하신 주님은 그들과 함께 걸으며 성경에서 메시아가 그의 영광에 들어가기 전에 어떻게 고난받아야 하는지 설명하셨다. 후에 그분이 그들을 떠나자 그들은 서로 이렇게 말한다. "길에서 우리에게 말씀하시고 우리에게 성경을 풀어 주실 때에 우리 속에서 마음이 뜨겁지 아니하더냐."[38] 이런 마음속의 뜨거움은 심오한 감정적 체험이다. 그러나 그것을 자극한 것은 성경에 대한 예수님의 가르침이었다. 진리에 대한 참신한 시각처럼 마음을 활활 타오르게 하는 것은 없다. 페이버(F. W. Faber)가 말했듯이 "심오한 신학은 경건의 가장 좋은 연료다. 그것은 쉽게 불이 붙고, 일단 불이 붙고 나면 오랫동안 탄다."[39]

또는 "그리스도의 사랑이 우리를 강권하시는도다"[40]라는 바울의 유명한 진술을 생각해 보자. 문자적으로 그것은 "우리를 에워싸다" 또는 "우리에게 선택의 여지를 남기지 않다"(NEB)라는 의미다. 그래서 우리가 그분을 위해 우리의 삶을 살아야 한다는 것이다. 그렇지만 그리스도의 사랑이 어떻게 우리를 속박하거나 자극하는가? 우리가 십자가 밑에서 감정적으로 압도당한다는 말인가? 맞는 말이면서 또한 틀린 말이기도 하다! 우리가 십자가를 묵상하면 감동받지 않을 수 없다는 점에서는 맞는 말이다. 그러나 만일 그 과정 중에 우리의 지성이 아무런 역할을 하지 않는다고 생각한다면 틀린 말이다. 바울은 "그리스도의 사랑이 우리를 강권하시는도다. 우리가 생각하건대…"라고 쓰기 때문이다. 그리스도의 사랑이 우리를 단단히 붙잡는 것은 어떤 확신들을 통해서다. 간단히 말해서, 우리는 십자가에 못 박히셨다가 다시 살아나신 그리스도로부터 생명을 받았기 때문에, 그분을 위해 살아야 한다는 사실을 깨닫는 것이다. 우리가 이런 논리를 숙고해 볼 때 우리 안에서 사랑의 불꽃이 타오른다.

한 가지 예를 더 들 수 있다. 사회적 책임의 영역에서, 우리가 명료하게 사고하면서 동시에 깊이 느끼는 것은 필수적이다. 뜨거운 분노와 행동을 수반한다는 전제하에, 불의를 냉철하게 분석할 필요가 있다.

그러므로 우리의 지성이 감정을 통제하고 자극하도록 하면서 그 둘을 결합시키는 것이 중요하다. 19세기 말 핸들리 모울(Handley Moule) 주교는 다음과 같은 훌륭한 조언을 해 주었다. "헌신적이지 않은 신학(즉 감정 없는 지성)과 신학적이지 않은 헌신(즉 지성 없는 감정)을 똑같이 경계하라."

|||||||||||||||||||||||||||||||||| **팀 체스터의 성찰 질문** ||||||||||||||||||||||||||||||||||

1. 기독교는 과학과 과학적 연구 조사에 어떤 추진력을 제공하는가?
2. 이성과 믿음의 연결 고리는 무엇인가?
3. 지성을 사용해서 하나님께 영광을 돌리는 방법에는 무엇이 있는가?

4. 영적 체험, 공적 예배, 복음 전파(혹은 개인 전도), 사회·목회적 사역에는 감정이 차지하는 자리가 있다. 당신의 삶에서 감정이 부족한 영역이 있다면 어느 영역인가?
5. 존 스토트는 지성이 감정을 통제해야 한다고 말한다. 그 반대인, 감정이 지성을 통제하는 예를 들어 보자. 그 원인과 결과는 무엇인가?
6. 당신이 처한 가장 큰 위험은 무엇인가? 헌신적이지 않은 신학(즉 감정 없는 지성)인가, 신학적이지 않은 헌신(즉 지성 없는 감정)인가? 이 위험을 어떻게 피할 수 있는가?

3

인도, 소명, 사역

만일 하나님이 자기 백성들의 삶에 어떤 목적을 가지고 계시고, 우리가 그 목적을 발견할 수 있다면, 그 목적을 분별하여 그에 따라 행하는 것보다 더 중요한 일은 없을 것이다. 분명 사도 바울은 이를 기대했다. "우리는 그가 만드신 바라. 그리스도 예수 안에서 선한 일을 위하여 지으심을 받은 자니."[1] 그러므로 아마 우리가 태어나기 전부터 하나님이 우리를 위해 계획하시고 고안하신 선한 일이 있다면 우리는 그게 무엇인지 찾아내야 한다. 바울이 같은 편지에서 "어리석은 자가 되지 말고 오직 주의 뜻이 무엇인가 이해하라"[2]고 쓴 것은 놀라운 일이 아니다.

에베소서와 짝을 이루는 골로새서에서도 바울은 하나님이 "모든 신령한 지혜와 총명에 하나님의 뜻을 아는 것으로 채우게"[3] 하실 것을 기도했다. 또한 에바브라가 어떻게 그들을 위하여 "항상…애써 기도하여 너희로 하나님의 모든 뜻 가운데서 완전하고 확신 있게 서기를"[4] 구했는지 말했다.

우리의 삶을 향한 하나님의 뜻을 분별하는 것에 대해 말할 때마다 세 단어가 반드시 등장한다. 바로 '인도'(guidance), '소명'(vocation), '사역'(ministry)이다. 각각은 독특한 의미를 지니고 있다. '인도'는 하나님이 기꺼이 우리를 지도하신다는 의미이고, '소명'은 그분이 우리를 부르신다는 의미이며, '사역'은 그분이 우리의 삶이 섬김으로 드려지기 원하신다는 의미다. 이 세 개념의 공통점은 하나님이 주도권을 쥐고 계시며, 일반적 측면(우리 모두에게 똑같이 적용되는)과 특별한 측면(우리 각자에게 서로 다른)이 있다는 점이다. 이 점은 글이 전개되면서 점점 더 분명해질 것이다.

인도

우리는 때때로 한숨을 쉬면서 "목숨이 열 개라면 좋을 텐데…"라고 말한다. 고양이는 목숨이 아홉 개라는 미신이 있지만, 우리 인간의 목숨은 오직 하나이며, 우리는 자신을 두 개 이상으로 복제할 수 없다. 그렇기 때문에 하나님이 주신 유일무이한 인생에서 하나님이 뜻하시는 바가 무엇인지 발견하는 일은 시급하다.

그러나 하나님의 뜻을 발견하기에 앞서 그분의 '일반적' 뜻과 '특별한' 뜻을 분별하는 것이 매우 중요하다. 하나님의 일반적인 뜻은 그분의 백성 일반을 향한 것이기 때문에 그렇게 부른다. 그것은 모든 장소, 모든 시대에 사는 우리 모두에게 똑같이 적용된다. 반면 하나님의 특별한 뜻은 특정한 장소와 시간에 속한 특정한 사람에 대한 뜻이기 때문에 그렇게 부른다. 그분의 일반적인 뜻은 우리가 "그 아들의 형상을 본받[는 것]"[5]이다. 그리스도를 닮는 것은 우리 모두를 향한 하나님의 뜻이며 그리스도의 모든 제자에게 똑같이 적용된다. 다른 한편 그분의 특별한 뜻은 일생의 직업이나, 생애의 반려자를 선택하는 문제, 또한 우리의 힘과 시간, 돈, 휴일을 사용하는 방법 등의 문제와 관련이 있다. 이런 것들에 대한 하나님의 뜻은 제각기 다를 것이다. 우리는 어떻게 하나님의 뜻을 발견할 수 있는가에 대해 생각할 때, '일반적' 뜻과 '특별한' 뜻에 대한 이런 구분을 해야 한다. 하나님의 일반적 뜻은 성경에 계시되어 있다. 성경은 복잡한 현대의 윤리 문제들에 대한 번지르르한 대답이 아니라 그 문제들에 적용할 수 있는 원리들을 담고 있다. 대체로 자기 백성을 향한 하나님의 뜻은 하나님의 말씀 안에 있다고 말하면 정확하다.

그러나 하나님의 특별한 뜻은 성경에서 발견할 수 없다. 나는 때때로 하나님이 문맥에 상관없이 특정한 구절을 통해 사람들을 인도하시는 것을 부인할 수 없다. 하지만 우리의 연약함에 맞추어서 그렇게 하셨을 뿐이라고 덧붙여야 한다. 성경은 서로 관계없는 본문이 모인 명언집이 아니라 축적된 역사적 계시이기 때문이다. 성경이 우리에게 말하도록 하기 위해 마음대로 그것의 원래 의미를 무시해서는 안 된다. 그러나 성경에는 특정한 질문들에 관련된 원리들이 담겨 있다. 결혼을 예로 들어 보자. 성경은 먼저 일반적 지침을 제시하고 몇몇 쟁점들을 미리 해결해 준다. 성경은 결혼이 인간을 향한 하나님의 선한 목적이며, 독신은 통례가 아니라 예외라고 말한다. 성경은 그분이 결혼을 만드신 주요

3 인도, 소명, 사역   71

목적 중 하나가 상호 교제이며, 따라서 그것이 배우자를 찾는 데 중요한 덕목이라고 말한다. 성경은 그리스도인은 오직 다른 그리스도인과만 결혼할 수 있으며, 결혼(일생 동안 사랑하며, 일부일처를 이루는, 이성 간의 헌신)만이 성교를 할 수 있도록 하나님이 정하신 유일한 관계임을 말해 준다. 이런 일반적 지침은 성경에 분명히 규정되어 있다. 그러나 성경은 그 누구에게도, 하나님이 그를 결혼하도록 부르셨는지 아니면 독신으로 남아 있도록 부르셨는지, 또는 만일 (그가 결혼한다면) 누가 그의 배우자가 되어야 하는지 말해 주지 않는다.

하나님이 성경을 통해 특별한 뜻을 보여 주시지 않는다면, 우리는 어떻게 그것을 발견해야 할까? 하나님은 주권적이고 자유로우시므로 우리는 이에 대해 모든 사람에게 두루 적용되는 틀에 박힌 대답을 할 수는 없다고 생각한다. 하지만 나는 다음의 다섯 가지 짧은 단어가 안전한 지침이 된다는 것을 알게 되었다.

첫째, **양보하라**. 이는 미국에서 쉽게 볼 수 있는 도로 표지판 문구로 다른 차에게 길을 내어 주라는 표시다. 마찬가지로, 우리는 하나님의 목적에 항복하거나 양보해야 한다. 의지를 굴복시키지 않는 것은 하나님의 뜻을 발견하는 데 가장 심각한 걸림돌이 된다. 믿으려 하지 않는 사람들에게 하나님이 그분의 진리를 계시하지 않으신다면, 또한 행하려 하지 않는 사람들에게도 하나님은 그분의 뜻을 계시하지 않으신다. 그렇다. "[그는] 온유한 자를 정의로 지도하심이여, 온유한 자에게 그의 도를 가르치시리로다."[6]

둘째, **기도하라**. 막연한 굴복으로는 충분하지 않다. 기대하면서 지속해서 기도하는 것 역시 필요하다. 예수님은 "구하라. 그리하면 너희에게 주실 것이요"라고 가르치셨으며, 야고보는 "너희가 얻지 못함은 구하지 아니하기 때문이요"라고 덧붙였다.[7] 하늘에 계신 우리 아버지는 그분의 자녀들을 버릇없게 기르지 않으신다. 그분은 우리가 정말로 그것을 알기 원하고 그런 우리의 바람을 기도로 표현하지 않으면, 자기 뜻을 보여 주지 않으신다.

셋째, **이야기하라.** '개인적 판단의 권리'를 주장하는 것은 개신교의 장점 가운데 하나지만, 이를 모든 결정을 혼자서 내려야 한다는 의미로 여기면 안 된다. 반대로 하나님은 그분의 가족 안에서 우리에게 서로를 주셨다. 그러므로 우리는 조언을 구하고자 부모님을 포함하여 다른 사람들과 겸손하게 이야기를 나누어야 한다. "권면을 듣는 자는 지혜가 있기"[8] 때문이다. 우리가 하는 결정이 하나님이 우리에게 주신 풍요로운 교제권 안에서 책임 있게 이루어지는 공동체적 결정이 되게 하라.

넷째, **생각하라.** 양보하고 기도하며 조언을 구해야 하지만, 결국 우리 자신이 결심해야 한다. 지난 장에서 살펴본 것처럼 하나님은 인도하시겠다는 약속과, 무지하게 말하고 노새같이 행동하는 것을 금하시는 명령 사이에서 균형을 이루신다.[9] 우리는 그분이 '재갈과 고삐'(즉 폭력)를 사용하시거나 우리에게 비합리적 직감을 주심으로써 우리를 인도하신다는 약속을 성취하시리라고 기대해서는 안 된다. 대신 우리가 모든 상황에서 찬반양론을 신중히 검토할 때 우리에게 주신 지성을 통해 인도하시리라 기대해야 한다.

다섯째, **기다리라.** 하나님 앞에서 서두르거나 조급해하는 것은 잘못이다. 그분이 아브라함에게 하신 약속이 그리스도의 탄생으로 성취되는 데는 2천 년이 걸렸다. 모세를 필생의 사역을 위해 준비시키시는 데는 80년이 걸렸다. 그분이 한 성숙한 인간을 만드는 데는 약 25년이 걸린다. 만일 어떤 기한까지 결정을 **해야** 한다면 우리는 그렇게 해야 한다. 그러나 그런 게 아니라면, 그리고 앞길이 여전히 불투명하다면, 기다리는 것이 더 현명하다. 나는 하나님이 요셉과 마리아를 아기 예수와 함께 이집트로 보내셨을 때 하신 말씀을 우리에게도 하신다고 생각한다. 바로 "내가 네게 이르기까지 거기 있으라"[10] 하신 말씀이다. 내 경험에 따르면 꾸물거릴 때보다 무턱대고 재촉할 때 더 많은 실수를 범한다.

소명

'소명'(vocation)이라는 말은 오랜 시간에 걸쳐 그 의미가 변화되고 평가절하된 성경의 여러 단어 중 하나다. 통상적으로 그것은 우리의 일 또는 직업을 말한다. '당신의 소명은 무엇입니까?'라는 말은 어떤 사람에게 직업이 무엇인지 다소 점잖게 물어보는 것이며, '직업 훈련'(vocational training)이라는 말은 특정한 직업을 위해 훈련하는 것을 의미한다. 그러나 성경적으로 '소명'이라는 말은 더욱 광범위하고 고상한 의미를 함축한다. 그 강조점은 인간적인 것(**우리가** 무엇을 하는가)이 아니라 신적인 것(**하나님이** 우리에게 무엇을 하라고 부르셨는가)에 있다. 'Vocation'이라는 말은 '부르심'

(calling)을 뜻하는 라틴어에서 나왔다.

신약을 보면 '부르다'에 해당하는 헬라어가 약 150회 나오는데, 대부분 하나님이 인간을 부르시는 것을 언급한다. 구약에서 하나님은 모세와 사무엘과 선지자들을 부르셨다. 신약에서는 예수님이 열두 제자를, 그리고 후에 다소 사람 사울을 부르셨다. 비록 우리가 선지자나 사도는 아니지만, 그분은 오늘날에도 여전히 우리를 그분을 섬기는 일로 부르신다. 하나님이 우리를 인격적·개인적으로 부르실 만큼 우리에게 관심을 갖고 계시다는 것은 놀라운 사실이다. 하나님은 "너희를 부르신 이"[11]이시며 우리는 "그 뜻대로 부르심을 입은 자들"[12]이다.

우리가 다루어야 하는 질문은 다음과 같다. '하나님은 우리를 왜 부르셨는가?' '우리의 신적 소명은 무엇인가?' 이와 같은 '소명'에 대한 질문에 답하기 위해, 우리는 '인도'를 구분한 것과 같은 작업을 해야 한다. 즉 '일반적' 부르심과 '특별한' 부르심을 구분하는 것이다. 일반적 부르심은 모든 하나님의 백성에 대한 것이므로 모두에게 동일하다. 특별한 부르심은 우리 각자에 대한 것이므로 제각기 다르다. 우리 모두는 똑같은 하나님의 일반적 부르심을 공유하고 있다. 그러나 우리는 각자 하나님에게서 서로 다른 특별한 부르심도 받았다.

우리를 향한 하나님의 **일반적 부르심**은 무엇을 하라는 것(직업)이기보다는 무엇이 되라는 것(인격)이다. 그분은 우리를 서로 다른 과업으로 부르시지만, 곧이어 우리가 살펴볼 내용처럼, 먼저 우리를 훨씬 더 중요한 것으로, 즉 예수 그리스도의 제자가 되고 그분의 새로운 사회와 이 세상에서 새로운 삶을 살라고 부르신다. 그러므로 어떤 사람이 우리에게 "당신의 부르심은 무엇입니까?"라고 물을 때 우리가 첫 번째로 해야 할 올바른 대답은 "나는 예수 그리스도께 속하기 위해 부르심을 받았습니다"[13]라는 것이다. 실제로 우리는 하나님이 예수 그리스도 안에 담아 두신 모든 복을 맞아들이고 누리도록 부름받는다. "이를 위하여 너희가 부르심을 받았으니 이는 복을 이어받게 하려 하심이라."[14] 그렇다면 이 복은 무엇인가? 그것은 여러 측면을 지니고 있다.

첫째, 우리는 **예수 그리스도와의 교제**로 부름받는다. 이것이 기본이다. 그분의 부르심은 여전히 '내게로 오라'는 것, '나를 따르라'는 것이다. 그분은 "너희를 불러 그의 아들 예수 그리스도 우리 주와 더불어 교제하게 하시는 하나님"이시기 때문이다.[15] 그리스도께서 "자기와 함께"[16] 있게 하시기 위해 열두 제자를 부르신 것처럼, 그분은 우리가 그분을 알고 그분과 교제하도록 우리를 부르신다. 영생은 하나님과 그분이 보내신 자 예수 그리스도를 아는 것이며,[17] 아무것도 그분과의 이런 근본적인 관계를 대신할 수 없다.

둘째, 우리는 **자유**로 부름받는다. 바울은 갈라디아 교인들에게 "형제들아, 너희가 자유를 위하여 부르심을 입었으나"라고 썼다.[18] 여기에서 사도 바울이 말하는 자유는, 하나님이 우리를 용서하시고 그리스도 안에서 받으심으로 율법의 정죄로부터 누리는 자유다. 그것은 죄책과 양심의 가책에서 해방된 자유, 하나님의 양자로 그분께 가까이 갈 수 있는 자유다. 그러나 그것은 죄를 지을 자유나 사회적 책임에서 벗어난 자유는 아니다. 바울이 이어서 쓴 내용을 보면 그 반대다. "그러나 그 자유로 육체의 기회를 삼지 말고 오직 사랑으로 서로 종노릇하라." 오직 섬김을 통해서 자유롭게 된다는 역설을 우리는 이미 살펴보았다.

셋째, 우리는 **평강**으로 부름받는다. "그리스도의 평강이 너희 마음을 주장하게 하라. 너희는 평강을 위하여 한 몸으로 부르심을 받았나니."[19] "한 몸"이라는 단어는 바울이 한 말의 의미를 푸는 단서를 제공한다. 그는 여기에서 마음이나 양심의 평강을 말하고 있는 것이 아니라 그리스도의 왕국 공동체 안에서 서로 화해하는 평강(*shalom*)을 말하고 있다. 우리는 그리스도께 속할 뿐 아니라 그리스도의 백성에게도 속하도록 부름받는다.

넷째, 우리는 **거룩함**으로[20] 부름받는다. 혹은 "성도로 부르심"[21]을 받는다. 하나님 자신이 거룩하시므로, 하나님은 우리 역시 거룩하도록 부르신다.[22] 불행히도 '거룩함'이라는 말은 많은 사람들에게 재미없는 삶과 멍한 눈길을 지닌 사람들의 경건한 무리라는 그릇된 이미지를 불러일으킨다. 하지만 진정한 거룩함은 그리스도를 닮은 모습이 현실 세계에서 삶으로 나타나는 것이다.

다섯째, 우리는 **증인**으로 부름받는다. "너희는…그의 소유가 된 백성이니 이는 너희를 어두운 데서 불러내어 그의 기이한 빛에 들어가게 하신 이의 아름다운 덕을 선포하게 하려 하심이라."[23] 베드로는 한때 우리가 처했던 상태와 현재 우리가 처한 상태를 대조하고 있다. 우리는 어두운 데 있었으나 이제는 빛 가운데 있다. 우리는 하나님의 백성이 아니었으나 지금은 그분의 백성이다. 우리는 긍휼을 얻지 못했으나 지금은 얻었다. 논리적 귀결은 우리만 이런 복을 가지고 있을 수는 없다는 것이다. 우리는 하나님의 빛 가운데로 부름받았으므로, 필연적으로 빛을 비추도록 부름받은 것이기도 하다.

여섯째, 우리는 **고난**으로 부름받는다. "선을 행함으로 고난을 받고 참으면 이는 하나님 앞에 아름다우니라. 이를 위하여 너희가 부르심을 받았으니."[24] 베드로는 그리스도인들에 대한 네로의 적대감이 점차 커지고 핍박의 먹구름이 불길하게 지평선에 모여들고 있을 때 이 글을 썼다. 언제라도 폭풍우가 쏟아질 수 있었다. 그렇다면 부당하게 고난받을 때 그리스도인들은 어떻게 반응해야 할까? 베드로의 대답은 간단했다. 보복하지 않으신 그리스도의 본을 따르도록 부름받았다는 것이다. 부당하게 고난받는 것이 그리스도인의 부르심 가운데 피할 수 없는 부분이란 점에 충격을 받는 사람이 많을 것이다. 하지만 예수님은 우리에게 경고하셨다. "세상이 너희를 미워하면 너희보다 먼저 나를 미워한 줄을 알라.…사람들이 나를 박해하였은즉 너희도 박해할 것이요."[25]

일곱째, 우리는 **영광**으로 부름받는다. 그리스도인의 부르심은 "하늘의 부르심"[26]이다. "모든 은혜의 하나님 곧 그리스도 안에서 너희를 부르사 자기의 영원한 영광에 들어가게 하신 이가 잠깐 고난을 당한 너희를 친히 온전하게 하시며 굳건하게 하시며 강하게 하시며."[27] 신약에서 고난과 영광은 계속해서 서로 연결되어 있다. 예수님이 그분의 영광에 들어가신 것은 고난을 통해서였으며, 우리도 마찬가지일 것이다. 우리가 그리스도와 함께 고난을 받는다면, 그분과 함께 영광도 받을 것이다.[28] 따라서 하나님의 부르심은 이생만을 위한 것이 아니라 새로운 세상에서 그분과 함께 하는 영원한 삶을 위한 것이기도 하다.

여기까지가 하나님의 일곱 가지 일반적 부르심이다. 그분은 우리 모두를 그리스도, 자유, 평강, 거룩함, 증거, 고난, 영광으로 부르신다. 더 간단하게 말하면, 그것은 지금뿐 아니라 영원토록 그리스도에게 속하고, 그분의 새로운 공동체의 평강 가운데 서로 사랑하며, 세상에서 섬기고 증거하며 고난을 받으라는 부르심이다. 이것이 '그리스도인의 소명'이라는 말의 근본적인 의미다. 그것은 우리 모두를 향한 것이며, 성경은 그 부르심에 합당한 삶을 살라고 우리에게 권고한다.[29]

일반적 부르심(우리 모두를 향한)이 자유롭고 거룩하며 그리스도를 닮는 것이라면, **특별한 부르심**(우리 각자에게 서로 다른)은 우리 삶의 개인적인 세부 사항과 관련이 있다. 바울의 가르침을 생각해 보자. "각 사람은 부르심을 받은 그 부르심 그대로 지내라."[30] 우리는 즉시 사도 바울이 사용한 부르심이라는 말에 두 의미가 있음을 깨닫게 된다. "부르심을 받은"(하나님이 그를 불렀을 때)이라는 말은 하나님의 일반적 부르심을 듣고 순종하는 회심을 가리킨다. 다른 한편 "그 부르심"(상황)은 그가 회심할 당시 처해 있던 특별한 부르심을 말한다. 이 상황은 하나님이 우리를 "부르시고" 우리에게 "나눠 주신" 무언가로 간주할 수 있다.[31] 그리고 사도 바울이 세 번이나 반복하여 말하고 있는 일반적 원리는 우리가 그 안에

"그대로" 있어야 한다는 것이다.[32] 그는 세 예를 든다. 우리의 가정 상황(결혼했거나 독신이거나), 우리의 문화적 상황(유대인이거나 이방인이거나), 우리의 사회적 상황(종이거나 자유인이거나)이다. 바울의 가르침을 이해하려면 그 배경과 경위를 파악할 필요가 있다. 고린도의 회심한 사람들은 그리스도 안에서 누리는 삶이 매우 흥미진진하고 새로우며("새로운 피조물")[33] 그래서 거듭나기 전의 상태와는 철저하게 다르고, 따라서 이전 삶에 속한 것은 어떤 것도 그대로 지니고 있을 수 없다고 생각했던 것 같다. 모든 것을 거부해야 한다고 여겼던 것이다.

결혼을 예로 들어 보자. 그들은 그리스도에게 속한 후 회심 이전의 계약이 어떻게 회심 이후에도 유효할 수 있는지 질문을 던졌던 것 같다. 그런 관계는 "깨끗하지 못한"[34] 것이 아닐까? 바울은 '그렇지 않다'고 대답한다. 왜 그런가? 하나님의 섭리가 회심하기 이전과 이후의 삶을 모두 포괄하기 때문이다. 그들의 결혼은 그리스도인이 되기 전에 이루어졌더라도 하나님이 그들을 부르셨을 때 그들이 처해 있던 '부르심'의 일부였다. 그러므로 그들은 그것을 마음대로 거부해서는 안 된다. 하나님의 은혜로 그것을 변화시키는 것은 옳다. 하지만 거부하는 것은 옳지 않다.

이 가르침을 우리 삶에 적용할 때 매우 주의해야 한다. 바울은 절대적 원칙이 아니라 일반적 원칙을 규정하고 있다. 예를 들어, 그는 그리스도의 사도로 부름받았을 때 바리새인으로 남아 있지 않았다. 마찬가지로, 열두 제자 역시 사도로 부름받았을 때 생업인 고기잡이나 세금 징수하는 일을 포기했다. 그리고 바울은 여기에서 만일 어떤 종이 자유를 얻을 수 있으면 그렇게 해야 한다고 말한다.[35] 우리 역시 하나님이 뭔가 다른 것으로 우리를 부르실 가능성에 마음을 열어 놓아야 한다. 바울이 반대하고 있는 것은 경솔하고 무모한 행동, 변화 자체를 위한 변화, 그리고 특히 회심 이전의 것과 종교 밖에 있는 것은 그 어떤 것도 하나님께 아무런 가치가 없다는 생각이다.

성경에서 역사로, 그리고 종교개혁가들과 청교도들의 가르침으로 눈을 돌려 보자. 종교개혁가들은 모든 그리스도인이 하나님의 '부르심'을 받았다고 주장했다. 그들은 주교와 사제, 수도사와 수녀가 '종교적' 부르심이기 때문에 더 우월한 부르심을 받았다는 중세 가톨릭의 가르침에 반대하고 있었다. 종교개혁가들은 그런 가르침은 (성직자와 평신도를 갈라놓는) '교권주의'이며, (기도와 같은 '신성한' 일과 가정을 꾸려 나가거나 생계비를 버는 것과 같은 '세속적인' 일을 갈라놓는) '이원론'이라 여기고 거부했다. 그들은 하나님이 삶 전체에 관심을 갖고 계신다고 단언했다. 농부, 기술자, 행정 장관, 가정주부가 되는 것은 '신부'나 '목사'가 되는 것과 마찬가지로 하나님의 부르심이었다. 마르틴 루터는 이렇게 말했다.

> 지금 '영적'이라고 불리는 사람들, 즉 사제나 주교나 교황은 자기들의 일이며 직무인 하나님의 말씀과 성례를 집행하는 책임을 맡고 있다는 것 외에는 다른 그리스도인과 다르지도, 그들보다 우월하지도 않다.

오히려 '재봉사, 구두 수선공, 석공, 목수, 요리사, 여관 주인, 농부, 그리고 모든 속세의 기능공' 역시 사제와 마찬가지로 각각 '자신의 업종의 일과 직무'를 위해 '성별되었다.'

> 게다가 모든 사람은 그 자신의 일이나 직무를 통해 다른 모든 사람을 유익하게 하고 그들을 섬김으로써 공동체의 육체적·영적 복지를 위해 다양한 방법으로 일해야 한다. 이는 몸의 모든 지체가 서로를 섬기는 것(고전 12:14-26)과 마찬가지다.[36]

또한 "하나님을 섬기는 것은 한두 가지 일에 매여 있는 것도, 한두 가지 부르심에 국한되는 것도 아니며, 모든 일과 부르심에 걸쳐 고루 분포되어 있다."[37] "하지만 내가 하고 싶은 것은 부르심과 직무를 구별해서 모든 사람이 하나님이 자신을 어떤 일로 부르셨는지 알고, 하나님을 섬기는 가운데 자신의 직무를 충실하고 성실하게 감당할 수 있도록 하는 것이다."[38]

칼뱅의 가르침도 이와 비슷하다.

> 주님은 우리 각자가 삶의 모든 활동 가운데 그분의 부르심에 주의를 기울일 것을 명하신다…그러므로 우리의 어리석음과 경솔함으로 인해 모든 것이 뒤죽박죽되지 않도록, 그분은 각 사람이 자신의 특정한 생활 양식을 통해 행할 의무를 규정하셨다. 그리고 어느 누구도 분별없이 자신의 한계를 넘지 않도록, 그분은 이런 여러 종류의 삶을 '부르심'이라고 칭하셨다. 그러므로 각 개인은 부주의

하게 일생 내내 방황하지 않도록 주님이 일종의 보초 초소로서 그에게 정해 주신 자기 나름의 삶을 가지고 있다.…이로부터 또한 한 가지 위안을 찾을 수 있을 것이다. 즉 어떤 과업도 그 안에 있는 부르심에 순종한다면, 너무 더럽고 천해서 하나님이 보시기에 빛나지도 않고 귀하게 보이지도 않는 것은 없으리라는 것이다.[39]

청교도들은 이런 주제를 더 발전시켰다. 예를 들어 케임브리지에서 매우 영향력 있는 사역을 했던 윌리엄 퍼킨스(William Perkins)는 『인간의 소명 혹은 부르심에 관한 논문』(1603년 발간)을 썼다. 다음은 그 논증의 한 가지 예다.

양을 지키는 목자의 모습은…선고를 내리는 판사나 통치하는 행정관, 또는 설교하는 목사의 행동 못지않게 하나님 앞에서 선한 것이다. 따라서 우리는 왜 모든 사람이 자신의 특별한 부르심을 올바로 사용하는 법을 탐구해야 하는가에 대한 충분한 이유를 알 수 있다.[40]

한 세기 후 대서양 건너편에서 하버드의 청교도인 코튼 매더(Cotton Mather)가 『소명을 받은 그리스도인』(1701)이라는 책을 썼다. 거기서 그는 모든 그리스도인에게 두 가지 소명, 즉 '일반적 소명'("주 예수 그리스도를 섬기는 것")과 '개인적 소명'("이웃을 위해 자신을 유용하게 드리는 특정한 직업")이 있다고 가르쳤다.[41] 그 두 가지 부르심은 균형 있게 추구되어야 한다. "이런 두 가지 부르심을 받은 그리스도인은 천국을 향해 노를 저어 가고 있는 배에 탄 사람"이기 때문이다. "만일 그가 어떤 것이 되었든 그의 소명 중 한 가지에만 마음을 쓴다면, 그는 배의 한쪽 노만 젓는 것이며 영원한 복락의 해변가에 빨리 도달하지 못할 것이다."[42]

이런 종류의 가르침을 비판하기는 쉬울 것이다. 우리가 우리 시대 우리 문화의 산물인 것과 마찬가지로, 종교개혁가와 청교도 역시 그들의 시대, 당대 문화의 산물이다. 그들이 사회를 보는 관점은 정적이고 중세적이었다. 너무 혁명적인 일부 재세례파의 가르침에 반발한 나머지 그들은 변화에 너무 저항적인 경향이 있었다. 때로 그들은 "모든 것은 밝고 아름답고"라는 찬송가의 다음과 같은 당혹스러운 가사에 가까웠다.

부자는 그의 성안에
    가난한 자는 그의 문에
하나님이 그들을 높게 혹은 낮게 만드셨으며
    그들의 지위를 명하셨도다.

우리는 '부르심'에 대한 성경의 가르침을 사회적 변화에 저항하기 위해 사용해서는 안 된다.

1세기의 바울, 16세기의 종교개혁가, 17세기의 청교도 모두 우리와는 다소 멀리 있는 것처럼 보인다. 그렇다면 바울이 가르쳤고, 종교개혁가와 청교도가 회복했으며, 오늘날 우리가 고수해야 하는 근본 원리는 무엇인가? 내가 생각하기에 그것은, 회심 이전의 삶과 종교적 영역 이외에도 우리의 삶 전체가 하나님께 속해 있고 그분의 부르심에 포함되어 있다는 것이다. 우리가 회심했을 때 하나님이 처음으로 우리에게 관심을 가지셨다거나, 그분이 지금도 우리 삶의 종교적인 작은 부분에만 관심을 갖고 계신다고 생각해서는 안 된다.

회심 이전의 삶을 생각해 보자. 하나님이 우리를 부르셨을 때 우리가 처했던 상황은 어떠했는가? 회심했을 때 우리가 나이 든 친척들을 돌보고 있었다면 지금 그들을 버려서는 안 된다. 만일 우리가 학생이었다면 마음대로 공부를 포기하고 학교를 그만두어서는 안 된다. 우리가 어떤 사람과 계약을 맺었다면 멋대로 그것을 어기면 안 된다. 하나님이 우리를 부르셨을 때 우리가 음악이나 미술에 소질이 있거나 운동을 잘하거나 지적인 사람이었다면, 우리는 선하신 창조주께서 우리에게 주신 이런 좋은 자질들을 저버려서는 안 된다. 이런 것들은 우리 삶에 우연히 있게 된 게 아니라 그분이 우리를 부르시고 우리에게 나눠 주신 섭리의 일부분이었기 때문이다. 하나님의 주권은 우리의 생애 전체에 미친다. 그분은 우리가 회심했을 때에야 우리 안에서 우리와 더불어 일하기 시작하신 것이 아니라, 우리가 태어났을 때 심지어 우리가 태어나기도 전에 우리의 유전 형질 안에서, 그리고 후에는 우리의 기질, 성격, 교육, 기술에 이르기까지 우리 안에서 우리를 위해 일하셨다. 그리고 그분은 우리가 그리스도인이 되기 전에 우리를 만드시고 우리에게 주신 것들을 우리가 회심한 후에 구속하시고 성화시키시고 변화시키신다. 회심 이전과 이후의 삶 사이에는 중요한 연속성이 있다. 우리는 그리스도 안에서 새로운 사람이 되었지만 여전히 창조된 모습 그대로를 지니고 있으며, 다만 그리스도가 그것을 새롭게 하셨기 때문이다.

이제 종교적 영역 이외의 삶을 생각해 보자. 우리를 포함하여 많은 사람이 예배하는 하나님은 대체로 너무나 종교적인 분이다. 우리는 그분이 오직 종교 서적과 종교적 건물과 의식에만 관심이 있다고 생각하는 듯하다. 그러나 그렇지 않다. 그분은 **우리**에게 관심이 있으시다. 즉 우리의 집과 가족, 친구들, 우리의 일과 취미, 우리의 시민권과 우리가 속한 사회에 관심을 갖고 계신다. 그러므로 하나님의 주권은 회심 이전과 이후 **둘 다**, 그리고 우리 삶의 **모든** 영역에 미친다. 하나님을 한쪽으로 소외시키거나 우리 삶의 비종교적인 부분에서 그분을 밀어내려고 해서는 안 된다. 우리의 소명, 즉 하나님의 부르심에는 이런 것들이 포함되어 있다는 것을 기억해야 한다. 이런 것들 안에서 우리는 하나님을 섬기고 그분께 영광을 돌리는 것이다.

사역

하나님이 우리를 어디로 이끄시는지(인도)와 그분이 무엇을 위해 우리를 부르시는지(소명)에 대해 우리가 관심을 갖고 있다면, 그것은 그분을 섬길 최선의 방법(사역)과 연관되기 마련이다. 더구나 '인도'와 '소명'이라는 말과 마찬가지로, '사역'이라는 말도 더 넓은 의미와 더 좁은 의미, 일반적 적용과 특별한 적용을 구별할 필요가 있다.

사역에 대한 세 가지 주장은 다음과 같다.

첫째, 모든 그리스도인은 예외 없이 사역으로 부름받는다. 실로 우리는 사역에 우리의 삶을 드려야 한다. 사역은 소수 엘리트의 특권이 아니라, 예수님의 제자 모두의 특권이다. 독자들은 내가 말하는 바가 모든 그리스도인이 바로 그 사역(the ministry)이 아닌 사역(ministry), '디아코니아'(diakonia) 즉 섬김으로 부름받는다는 것임을 알아차렸을 것이다. 우리가 목사직(pastorate)을 '바로 그 사역'이라고 표현하는 것은 기독교에 해롭다. 목사직만 유일한 사역이라는 듯한 인상을 주기 때문이다. 중세 성직자들이 사제직을 유일한(또는 적어도 가장 '영적인') 소명으로 간주했던 것과 마찬가지다. 누군가 내 앞에서 "아무개가 사역에 입문하려고 합니다"라고 말하면 나는 늘 순진하게 "오, 그래요? 무슨 사역에 말입니까?"라고 물어본다. 그리고 상대방이 아마 "목회 사역 말이에요"라고 대답하면, 나는 "그럼 왜 그렇게 말하지 않았어요?!"라고 정중하지만 불만을 담은 어조로 대답한다. 사실 '사역'이라는 단어는 포괄적 용어다. 형용사를 덧붙이지 않는다면 무엇을 지칭하는지 알 수 없다.

모든 그리스도인은 예외 없이 사역으로 부름받는다는 나의 첫 번째 명제로 돌아가 보자. 어떻게 그런 독단적인 진술을 할 수 있는가? 예수 그리스도 때문이다. 우리에 대한 그분의 주되심에는 소명적 차원이 있다. 그분은 하나님과 인간을 섬기기 위해 거리낌 없이 자신을 드리신 탁월한 '종'이시므로, 그분의 섬김의 본

보기를 따르지 않으면서 그분의 제자가 되는 것은 불가능하다. 예수님은 하나님 나라를 전파하셨고, 병든 자를 고치셨으며, 굶주린 자를 먹이셨고, 친구가 없는 자의 친구가 되셨고, 눌린 자를 옹호하시고, 사별한 자를 위로하셨으며, 잃어버린 자를 찾으셨고, 사도들의 발을 씻겨 주셨다. 그분이 맡아서 하시기에 너무 벅찬 과업이란 없었고, 그분이 하시기에 너무 비천한 사역도 없었다. 그분은 지극히 헌신적으로 섬기는 삶을 사셨고 또한 죽으셨다. 우리도 그분을 본받아야 하지 않겠는가? 세상에서는 성공이 위대함의 척도다. 그러나 예수님에게는 섬김이 위대함의 척도다.

둘째, 그리스도인에게는 매우 다양한 사역이 있다. '사역'은 '섬김'을 의미하며, 우리가 하나님과 사람을 섬길 수 있는 방법은 여러 가지다. 사도행전 6장 1-4절은 이런 확신에 대한 확고한 성경적 기초를 제공해 준다. 인종 간의 다툼 또는 문화적 다툼이 예루살렘 교회를 갈라놓고 있었다. "헬라파 유대인들"은 그들의 과부들이 매일 양식을 분배받는 데 차별받는다고 "히브리파 유대인들"을 향해 불평했다. 사도들이 이 분쟁에 연루되었다. 그로 인해 사도들은 시간을 매우 많이 빼앗겼으며, 예수님이 그들에게 맡기신 말씀을 전파하고 가르치는 역할에 집중하지 못하게 되었다. 그들은 지혜롭게 교회 회의를 소집해 이렇게 말했다. "우리가 하나님의 말씀을 제쳐 놓고 접대(*diakonein*)를 일삼는 것이 마땅하지 아니하니." 그리고 그 책임을 맡기고자 일곱 명을 뽑도록 교회에 요청한 뒤, "우리는 오로지 기도하는 일과 말씀 사역(*diakonia*)에 힘쓰리라"라고 말했다.

여기서 말씀을 가르치는 것과 음식을 분배하는 것 둘 다 '디아코니아'(*diakonia*) 즉 사역이라고 언급되었음을 주목해야 한다. 둘 다 기독교 사역이고, 전임 사역이 될 수 있으며, 그 일을 맡기 위해서 성령 충만한 사람이 필요했다. 그 둘의 유일한 차이는 전자는 목회적 사역이요, 후자는 사회적 사역이라는 것뿐이다. 전자는 '사역'이고 후자는 사역이 아니라는 것이 아니다. 또한 전자는 영적이고 후자는 세속적이라는 의미도 아니다. 또 전자는 우월하고 후자는 열등하다는 것도 아니다. 그것은 단지 그리스도께서 열두 제자는 말씀 전하는 사역으로 부르셨고, 일곱 집사는 음식을 분배하는 사역으로 부르셨다는 것일 뿐이다.

젊은 시절 나는 서로 다른 소명이나 사역이 계급 제도나 피라미드와 같은 구조로 이루어졌다고 생각하도록 배웠다. 피라미드의 제일 꼭대기에 불안정하게 자리 잡고 있는 것은 타문화권 선교사였다. 그들은 우리의 영웅이었다. 나는 정말 그리스도를 위한 열심이 있다면 의심할 여지 없이 해외로 나가는 그 대열에 끼어야 한다고 배웠다. 그만큼의 열심이 없다면 국내에 남아 목사가 될 것이고, 그것마저도 바라지 않는다면 아마 의사나 교사가 될 것이다. 반면 사업이나 정치, 언론에 뛰어든다면 머지않아 타락하고 말 것이라고 생각했다! 내 말을 오해하지 말기를 바란다. 선교사나 목사가 되는 것은 놀라운 특권이다. **하나님이 나를 그 일로 부르신다면** 말이다. 그러나 그리스도인 변호사, 실업가, 정치가, 경영자, 사회사업가, 텔레비전 방송 작가, 저널리스트, 주부가 되는 것도 똑같이 멋진 일이다. **하나님이 나를 그 일로 부르신**

다면 말이다. 로마서 13장 4절에 따르면 국가의 관원들은 (국회의원이든 시장이든 경찰이든 간에) 목사와 마찬가지로 "하나님의 사역자"(*diakonos theou*)다. 우리가 거부해야 하는 것은 계급제도이며, 우리가 분쇄해야 하는 것은 피라미드다.

물론 우리에게는 선교사 자격을 갖춘 사람들, 무엇보다도 겸손한 사람들이 절실하게 필요하다. 문화적 제국주의를 회개하고 다른 문화에 동화하는 겸손, 선교지의 교회 지도자들 밑에서 일하는 겸손, 사람들의 절실한 필요(복음 전도뿐 아니라 사회적인 것도 포함해서)를 위해 섬기는 겸손, 최고의 전달자이신 성령께 의지하는 겸손을 지닌 선교사들이 필요한 것이다.[43] 세계 복음화는 여전히 교회의 최우선 과제다. 또한 하나님의 말씀을 가르치기 위해 목사들 역시 매우 필요하다.

동시에 자기 일상의 일을 일차적인 기독교 사역으로 생각하며 그리스도를 위해 자신이 처한 세속적 환경에 침투하기로 결심하는 그리스도인들도 절실히 필요하다.

자신의 '사명'(mission) 선언문에 첫 번째 목표를 '대중에 대한 섬김'이라고 명시하고, 노사 관계와 노사 협의제, 이윤 분배 등에서 대담한 실험을 하며 연례 재정 감사와 더불어 연례 '사회 감사'를 만드는 것을 당연한 책임으로 받아들이는 기업과 산업계의 그리스도인들이 필요하다.

아무리 오랜 시간이 걸리더라도 자신이 사는 사회의 중대한 불의를 판별해 내며 그것들과 타협하기를 거부하고 입법부의 변화를 일구기 위해 노력하는 그리스도인 정치가가 필요하다. 그리고 재물을 창조하는 방법과 나누는 방법을 찾아내기 위해 그리스도인 경제학자들도 필요하다.

공공연하게 기독교적이거나 복음 전도적인 영화뿐 아니라 간접적으로 기독교적 가치관을 권하고 그로써 그리스도께 영광을 돌리는 건전한 영화를 만드는 그리스도인 영화 제작자도 필요하다.

기독교 윤리학자들과 협력하여 현대 의료 윤리의 도전에 맞서고 인간 개개인과 인류에 대한 독특한 기독교적 관점을 유지하는 방법을 개발하는 더 많은 그리스도인 의사가 필요하다.

기독교 학교에서나 비기독교 학교에서 하나님이 학생들에게 주신 잠재력을 충분히 개발하도록 도우며 그들을 섬기는 것을 특권으로 여기는 헌신된 그리스도인 교사도 필요하다.

그리고 정신적으로나 육체적으로 장애가 있는 사람들, 학대당한 아동들, 마약 중독자들, 에이즈 희생자들 등에 관심을 가지고, 기도와 교회의 지원을 믿으면서 최신의 의료 기술과 사회적 보살핌을 그리스도의 사랑과 결합시키는 더 많은 그리스도인 사회사업가가 필요하다.

셋째, **그리스도께서 우리를 부르시는 특정한 사역은 아마도 우리의 은사에 따라 결정될 것이다.** 즉, 우리의 생업을 결정하는 주된 요인은 하나님의 창조와 구속에 의해 우리가 어떤 사람이 되었는가 하는 점이다. 하나님은 되는 대로 창조하시는 분이 아니다. 그분은 우리의 타고난 은사가 낭비되도록 그것을 주신 것이 아니다. 또한 그분은 되는 대로 구속하셔서 우리에게 주신 영적 은사가 낭비되도록 하시는 분도 아니다. 오히려 그분은 우리에게 주신 은사를 우리가 분별하고 개발하며 사용하기 원하신다. 그분은 결코 우리가 좌절하기를(우리가 은사를 한가하게 놀려 두어서) 원하지 않으시며, 성취감을 느끼기를(우리가 은사를 사용함으로써) 원하신다.

우리 자신에게 다음과 같이 말하는 것은 창조와 구속이라는 기독교의 교리와 완전히 양립할 수 있을 듯하다. '나는 독특한 사람이다(이것은 자만이 아니다. 하나의 사실이다. 모든 눈송이 하나하나와 모든 풀잎 하나하나가 독특하다면 각각의 인간은 얼마나 더 독특한가?). 나의 독특함은 내가 유전적으로 받은 체질, 내가 물려받은 성격과 기질, 나의 혈통, 가정 교육과 학교 교육, 재주, 성향, 기질, 나의 거듭남과 영적 은사로 인한 것이다. 하나님의 은혜로 나는 지금의 내가 되었다. 그렇다면 하나님이 만드신 독특한 인간으로서 나는 어떻게 그분이 내게 주신 것을 하나도 낭비하지 않고 **최대한** 그리스도와 사람들을 섬기는 일에 그 모든 것이 사용되도록 할 수 있는가?'

이 원칙에 예외가 있을 수는 있겠지만, 스스로에게 던져 볼 올바른 질문이다. 그리고 교만하거나 거짓된 겸손함 없이 우리 자신을 정직하게 평가하려 애쓸 때, 우리를 잘 아는 부모나 친구가 우리를 가장 잘 도울 수 있을 것이다.

지금까지 우리가 살펴본 세 단어(인도, 소명, 사역)는 모두 우리 삶을 향한 하나님의 뜻과 그것을 발견하는 방법과 관련된 것이다. 결론적으로 독자들이 느낄지도 모르는 두 가지 두려움을 다루고자 한다.

첫째, 하나님의 뜻은 반드시 어려울 것이라고 가정하면서 그것을 두려워할 필요는 없다. 일부 그리스도인들은 어떤 선택권에 마음이 내키지 않을수록 그것이 하나님의 뜻일 가능성이 더 크다고 생각하는 것 같다! 하지만 하나님은 우리의 삶을 망치려고 열중하는 괴물이 아니시다. 그분은 우리가 행복하도록 전념하시며 우리에게 유익한 것들만 주기로 하신 우리의 아버지시다. 예수님은 "너희가 악한 자라도 좋은 것으로 자식에게 줄 줄 알거든 하물며 하늘에 계신 너희 아버지께서 구하는 자에게 좋은 것으로 주시지 않겠느냐"라고 말씀하셨다.[44] 우리는 하나님의 뜻이 "선하시고 기뻐하시고 온전하신" 것이라고[45] 확신할 수 있다.

둘째, 우리는 하나님의 뜻을 결코 발견하지 못할 것이라고 두려워할 필요가 없다. 초조해하거나 염려하거나 신경과민 상태로 자신을 몰아가거나, 근심으로 잠 못 이루는 나날을 보낼 이유가 없다. 이상하게도 내가 예닐곱 살밖에 되지 않았던 어린 시절의 기억 중 하나는 어머니가 매일 잘 자라고 인사하기 위해 내 방으로 들어오셨던 것이다. 나는 난감한 질문을 끊임없이 되풀이하면서 어머니를 괴롭혔다. 바로 "엄마, 나는 크면 뭐가 될까요?"라는 질문이었다. 어머니는 때가 되면 알게 되니 걱정할 필요가 없다고 대답하셨다. 60년이 넘게 지난 지금 돌이켜 생각해 보니 어머니의 말씀이 옳았다. 그런 어린아이 같은 염려들은 모두 필요 없는 것이었다. 우리에게는 하나님 아버지의 뜻이 선할 뿐 아니라 우리가 발견할 수 있다고 확신할 수 있는 이유가 충분하다. 그분은 우리가 무엇을 하기 원하시는지 보여 줄 수 있는 방법과 수단을 갖고 계시다. 중요한 조건은 우리가 정말로 그 뜻을 행하기 위해 그분의 뜻을 분별하려고 하는가다.

||||||||||||||||||||||||||||||| **팀 체스터의 성찰 질문** |||||||||||||||||||||||||||||||

1. 존 스토트는 하나님의 일반적인 뜻이 결혼에 어떻게 적용된다고 말하는가? 일에는 어떻게 적용되는가?
2. 하나님이 우리 삶을 위한 구체적 뜻을 가지고 계시며 우리가 그 뜻을 분별해야 한다는 데 동의하는가? 어떤 성경 증거가 당신의 대답을 뒷받침해 주는가?
3. 당신이 내린 최근의 결정을 생각해 보라. 당신이 결정하는 데 도움이 된 것은 무엇인가? 당신의 의사결정 과정을 존 스토트가 말하는 '양보하라, 기도하라, 이야기하라, 생각하라, 기다리라'의 모델에 연결시킬 수 있는가?
4. 일반적 부르심과 우리의 구체적 부르심 사이에는 어떤 관계가 있는가? 일반적 부르심은 우리가 구체적 부르심을 수행하는 방식을 어떻게 형성해야 하는가?
5. '부르심'을 이야기하는 것은 사람들이 직장 생활을 하는 동안 직업과 고용주, 심지어 경력까지 몇 번씩 바꾸는 시대에 다소 정적이고 구식처럼 들릴 수 있다. 존 스토트가 소명의 '근본 원리'라고 묘사한 내용은 그것이 어떻게 여전히 적절할 수 있음을 시사하는가?
6. 당신의 일(그것이 무엇이든 어디에 있든)을 사역으로 본다는 것은 어떤 의미를 지니는가?

4

성령의 첫 번째 열매

이제 나에게 의미심장해진 성경 구절을 묵상하도록 여러분에게 권하고자 한다. 나는 아마도 20년가량 매일 아침 경건의 시간에 그 내용을 떠올리면서 그것이 내 삶에서 이루어지기를 기도해 왔다. 좋아하는 본문이 어떤 것이냐는 질문을 받으면 나는 보통 이 본문을 제시한다. 내 생각에 이 본문은 모든 하나님의 백성에게 굉장히 중요한 진리를 담고 있다. 바로 이 본문이다. "오직 성령의 열매는 사랑과 희락과 화평과 오래 참음과 자비와 양선과 충성과 온유와 절제니 이 같은 것을 금지할 법이 없느니라."[1]

나는 이 구절에서 자연스럽게 사랑에 대한 다섯 가지 주장을 끌어낼 수 있다고 생각한다.

사랑, 희락, 화평

첫째, 사랑은 가장 탁월한 기독교적 은혜다. "성령의 열매는 사랑"

이다. 바울이 아홉 가지 특질들을 열거하면서 다 함께 성령의 '열매'라고 부르는 것은 사실이다. 하지만 사랑이 제일 높은 위치에 자리 잡고 있다. 우리는 오늘날 성령에 대해 많은 것을 들으며(그분은 더 이상 삼위일체에서 소홀히 여겨지지 않는다), 많은 사람이 그분의 능력이 굉장한 모습으로 나타난다고 주장하지만, 그분의 내적 임재의 첫 번째 열매는 능력이 아니라 사랑이다.

그리스도인을 구별하는 주된 표지는 무엇인가? 사람들을 하나님의 자녀로 인증해 주는 표시는 무엇인가? 사람마다 다른 대답을 할 수 있다.

어떤 사람들은 참된 그리스도인들을 구별시켜 주는 것은 **진리**, 정통적이고 올바른 믿음, 성경의 교리와 공교회 신조와 개혁주의 신앙 고백에 대한 충성이라고 대답한다. 옳다! 진리는 신성한 것이다. 건전한 교리는 교회의 안전에 지극히 중요하다. 우리는 "믿음의 선한 싸움을 싸우[고]"[2] 계시된 종교의 "부탁한 것(deposit)을 지키[고]"[3] "굳건하게 서서" 사도들의 "가르침을⋯지키고"[4] "성도에게 단번에 주신 믿음의 도를 위하여 힘써 싸우라"[5]는 명령을 받는다. 우리는 이런 엄숙한 권고를 결코 잊어서는 안 된다. 그럼에도 "내가⋯모든 비밀과 모든 지식을 알고⋯모든 믿음이 있을지라도 사랑이 없으면 아무것도 아니[다]."[6] 게다가 "지식은 교만하게 하며 사랑은 덕을 세운다."[7] 그러므로 사랑은 지식보다 더 위대하다.

또 다른 사람들은 진정한 제자의 표지가 **믿음**이라고 주장한다. "사람이 의롭다 하심을 얻는 것은 율법의 행위에 있지 않고 믿음으로 되는 줄 우리가 인정하노라."[8] 마르틴 루터가 썼듯이, 이신칭의는 "참으로 진정한 그리스도인을 만드는" "모든 기독교 교리 중 제1의 조항"이다.[9] 영국의 개혁주의자이자 대주교였던 토머스 크랜머(Thomas Cranmer)는 같은 내용을 부정문으로 표현했다. "누구든 이것[교리]을 부인하는 사람은 참된 그리스도인으로 간주될 수 없다."[10] 또 더 많은 현대 복음주의자들의 진술을 인용하면, 이신칭의는 "하나님의 구원의 은혜라는 전체 섭리의 핵심이요 중추이며 모범이고 진수다."[11] 나는 이 말에 동의한다. 종교개혁의 슬로건이었던 '솔라 피데'(*sola fide*), 곧 '오직 믿음으로'라는 말은 우리의 슬로건이 되어야 한다. 그럼에도 "내가…산을 옮길 만한 모든 믿음이 있을지라도 사랑이 없으면 내가 아무것도 아니[다]."[12] 위대한 믿음의 사도가 사랑이 믿음보다 더 위대하다는 것을 분명히 밝힌다.

세 번째 집단은 그리스도인의 표지로 **종교적 체험**을 강조한다. 그것은 종종 특별하고 생생한 종교적 체험으로, 그들은 이것이 모든 사람에게 재현되어야 한다고 믿는다. 그리고 이 집단 역시 어느 정도는 옳다. 그리스도를 통해 직접 하나님과 개인적 관계를 맺는 것은 매우 중요하다. 성령의 내적 증거도 실재한다. "말할 수 없는 영광스러운 즐거움"[13]은 존재하며, "내 주 그리스도 예수를 아는 지식이 가장 고상하기 때문"에 참으로 다른 모든 것은 배설물로 여기게 된다.[14] 그러나 "내가 사람의 방언과 천사의 말을" 하고 "내가 예언하는[하나님으로부터 직접적으로 전달받았다고 주장하는] 능력이…있을지라도 사랑이 없으면 내가 아무것도 아니[다]."¹⁵ 그러므로 사랑은 체험보다 위대하다.

네 번째 마지막 범주의 사람들은 실용적인 사람들로, 그들은 하나님의 백성을 구별하는 표지로서 **섬김**, 특히 가난한 사람들을 섬기는 것을 강조한다. 이 말 역시 옳다! 선행이 없으면 믿음은 죽은 것이다. 예수님이 가난한 자들을 옹호하셨으므로 그분의 제자들 역시 그렇게 해야 한다. 만일 우리가 궁핍한 사람의 필요를 채워 줄 수단이 있으면서도 그들을 불쌍히 여기지 않는다면 어떻게 하나님의 사랑이 우리 안에 있다고 주장할 수 있단 말인가?¹⁶ 그럼에도 "내가 내게 있는 모든 것으로 구제하고 또 [아마도 영웅적인 희생의 표시로] 내 몸을 불사르게 내줄지라도 사랑이 없으면 내게 아무 유익이 없[다]."¹⁷ 그러므로 사랑은 섬김보다 위대하다.

요약하면, 지식은 매우 중요하고 믿음은 불가결하며 종교적 체험은 필요하고 섬김은 필수적이지만, 바울은 사랑에 우월성을 부여한다. 사랑은 이 세상에서 가장 위대한 것이다. 그분의 가장 깊숙한 내면을 보면 "하나님은 사랑"¹⁸이시기 때문이다. 성부와 성자와 성령은 자신을 내어 주시는 사랑으로 서로 영원히 연합되셨다. 그러므로 자신이 사랑이시고 우리에게 자신의 사랑을 보이신 그분께서, 우리에게 그 보답으로 그분과 다른 사람들을 사랑하라고 명하신다. "우리가 사랑함은 그가 먼저 우리를 사랑하셨음이라."¹⁹ 사랑은 하나님의 백성의 제일의, 최고의, 가장 탁월한 특성이자 그들을 구별하는 특성이다. 어느 것도 그것을 몰아내거나 대체할 수 없다. 사랑이 최고다.

둘째, **사랑은 희락과 화평을 가져온다.** "성령의 열매는 사랑과 희락과 화평"이기 때문이다. 이 순서는 분명 중요하다.

인간은 언제나 희락과 화평을 추구했다. 보통 더 세속적인 '행복'이라는 단어를 사용하긴 하지만 말이다. 토머스 제퍼슨(Thomas Jefferson)은 미국의 3대 대통령이 되기 전에, '행복의 추구'가 양도할 수 없는 인간의 권리라는 것을 너무나 확신한 나머지 독립선언문에 넣었으며 그것을 '자명한 진리'라고 불렀다.

하지만 그리스도인들은 행복을 추구한다고 해서 누구나 그것을 발견할 수 있는 게 아니라는 것을 덧붙이지 않을 수 없다. 희락과 화평은 대단히 붙잡기 어려운 복이다. 우리가 손을 뻗어 행복을 잡으려 하는 순간 그것이 희미하게 공중으로 사라지고 마는 것을 발견하게 된다. 희락과 화평은 추구하기에 적합한 목표가 아니기 때문이다. 그것들은 사랑의 부산물이다. 하나님은 우리가 **그것들**, 곧 희락과 화평을 추구할 때가 아니라, 사랑 안에서 **그분과 다른 사람들**을 추구하고 섬길 때 우리에게 그것들을 주신다.

'자아실현'이 유행하고 '자존감'을 끌어올리는 것이 중요하다는 이야기들이 난무하는 현대 세계에서, 이 진리를 증언하는 일은 시급하다. 뉴욕 대학교의 폴 비츠(Paul Vitz) 박사는 "자기 숭배 제의"(*The Cult of Self-Worship*)라는 부제가 붙은 통찰력 있는 책 『신이 된 심리학』[20] 첫머리에서 1970년대에 활동한 주요한 '자아 이론가' 네 명을 분석한다. 그들은 에리히 프롬(Erich Fromm, 자신의 자아에 무관심한 것은 악이며, 반면 자기 긍정은 덕이라고 주장했다), 칼 로저스(Carl Rogers, 그의 '내담자 중심' 요법은 '무조건적 자기 존중'을 통해 내담자가 통합된 자율적 인간이 되도록 돕는 것을 목표로 삼는다), 에이브러헴 매슬로(Abraham Maslow, 그는 창조적인 '자아실현'을 강조했다), 그리고 롤로 메이(Rollo May, 실존주의의 영향을 받은 그는 자기 자신이 되기 위한 수단으로 결단과 헌신을 강조했다)다. 이 네 저자는 모두 자신이 세속적 인본주의자라고 자인했다. 그들은 하나님이 아니라 인간을 믿었다. 많은 사람이 그들의 이론을 보급했으며 자아 존중과 자아실현에 대한 기본적 강조점은 사회의 거의 모든 구석구석에 침투해 들어간 듯하다. 데이비드 웰스(David Wells) 박사는 "1980년대 중반에 미국에서 발간된 문서들 중 87.5퍼센트가 자아 운동의 관심사와 기호에 부합하는 것이었다"라고 논평한다.[21]

예수님이 제자들에게 명하신 자기 부인과 조화를 이루는, 올바르고 건전한 종류의 자기 긍정이 있는 것은 사실이다. 그러나 그것은 인본주의자들의 무비판적이고 무제한적인 자아 긍정은 아니다. 우리 자신의 죄성을 인정한다는 단서가 있기 때문이다. 그리스도인들은 인류의 타락과 우리 자신의 타락으로 파생된 자아의 모든 측면(예를 들어 우리의 이기심, 탐욕, 악의, 위선, 교만)은 부인하는(즉, 단절하고 거부하는) 동시에, 우리가 하나님의 형상으로 창조되었기에 형성된 자아의 여러 측면(예를 들어 우리의 이성, 도덕적 책임감, 사랑하는 능력)만 긍정할 수 있다. 이런 기독교적 자아 긍정과 자기 부인은 자아에 대한 탐닉은 물론, 우리 자신에게 몰두하는 것과도 거리가 멀다. 왜냐하면 그리스도인들은 자신이 아니라 하나님을 지향하기 때문이다. 이것은 우리의 창조주이시며 심판주이신 하나님을 예배하는 본질의 한 부분이다.

그러나 일부 그리스도인 저술가들은 기독교 자체가 자아 존중에 대한 것이며, 우리가 죄, 죄책, 심판, 속죄에 집중하는 것을 멈추고 대신 자아의 발견으로 구원을 제시해야 한다고 주장해 왔다. 그들은 예수님이 두 번째 계명을 밝히시면서 우리에게 이웃뿐 아니라 스스로를 사랑하라고 암시하신 것도 그런 의미라고 주장한다. 그러나 그것은 전혀 사실이 아니다. 성경에서 자아를 사랑하는 것은 자유로 향하는 길이 아니라 죄와 같은 말이다. '**아가페**' 사랑은 다른 사람을 섬기려고 자신을 희생하는 것을 의미한다. 본질적으로 자기를 지향할 수 없다. 어떻게 자신을 섬기기 위해 자신을 희생할 수 있는가? 불가능한 일이며 그런 생각 자체가 무의미하다. 예수님의 방법은 그와 정반대다. 그분은 우리가 오직 스스로를 잃을 때 자기를 발견하고, 자신에 대하여 죽을 때 사는 법을 배우며, 다른 사람을 섬김으로써 자유롭게 된다는 역설을 가르치셨다. 또한 갈라디아서에 기록된 바울의 말로 돌아가 보면, 오직 우리가 사랑할 때 희락과 화평이 뒤따른다. 자의식적 행복 추구는 언제나 실패로 끝날 것이다. 하지만 우리가 헌신적으로 사랑의 봉사를 하는 가운데 스스로를 잊는다면, 부수적이고 예기치 못한 복으로 희락과 화평이 우리 삶에 밀려들어 올 것이다.

행동하는 사랑

셋째, **사랑은 행동을 낳는다**. 사랑이 성령의 첫 번째 열매이고 희락과 화평이 그 뒤를 좇는다면, 그다음에는 "오래 참음과 자비와 양선"이 나오기 때문이다. 사랑은 성애(性愛)이기는커녕 단순한 낭만도 아니다. 그것은 심지어 순수한 감상이나 감정도 아니다. 추상적으로 들리지만 그것은 적극적인 태도와 구체적인 행동, 즉 '오래 참음' '자비' '양선'으로 이끈다. 그리고 러시아 소설가 표도르 도스토옙스키(Fyodor Dostoyevsky)가 썼다고 생각되는 말처럼, "행동하는 사랑은 꿈꾸는 사랑보다 훨씬 더 굉장한 것이다." 사랑은 개인적인 대가를 얼마나 지불하든 언제나 다른 사람의 진정한 행복을 추구하는 것이기 때문이다.

'인내'(patience)는 소극적인 자질이다. 그것은 종종 '오래 참음'(longsuffering)이라는 말로 번역되는데, 상황에 대한 인내라기보다는 사람에 대한 인내를 의미하기 때문이다. 그것은 지나친 요구를 하거나 화나게 만드는 사람에 대한 관용을 포함한다. 그것은 우리를 향하신 그리스도의 "일체[무한정] 오래 참으심"[22]을 결코 잊지 않는다.

'자비'와 '양선'은 둘 다 적극적인 자질이다. 자비가 생각의 관대함, 다른 사람들의 선을 **바라는** 것이라면 양선은 행동의 관대함, 우리가 그들에게 바라는 선을 그들을 위해 실제로 **행하는** 것이다.

그렇다면 이 세 가지 기독교적 은혜가 어떻게 진전되는지 분별하는 것이 옳은 듯하다. 오래 참음은 다른 사람의 악의를 참으며 그것에 보복하기를 거부한다. 자비는 사람들이 잘못되기를 바라지 않고 잘되기를 바라면서 관용을 친절함으로 바꾼다. 그리고 양선은 행동으로 사람들을 섬기는 일에 솔선함으로써 사람들이 잘되기 원하는 마음을 행동으로 바꾸어 놓는다.

이 세 자질은 모두 사랑의 특징이며 결과다. 사도 바울이 다른 곳에서 썼듯이 "사랑은 오래 참고, 사랑은 온유하며,"[23] 그리고 우리는 "사랑으로 서로 종노릇"[24]해야 하기 때문이다. 인류를 위한 웅대한 사랑 선언은 별로 가치가 없다. 우리는 실제 상황에서 실제 사람들과 관계를 맺어야 한다. 그렇게 할 때 사랑의 "오래 참음과 자비와 양선"이 검증될 것이다.

넷째, **사랑은 절제에 의해 균형이 잡힌다.** "성령의 열매는…충성과 온유와 절제"이기 때문이다. 이 세 특징은 스스로를 통제하는 것을 서로 다른 뉘앙스로 표현한 것 같다. '충성'은 약속을 지키거나 맡은 일을 완수할 때 나타나는 믿음직함 또는 신뢰성이다. '온유'는 종종 '온순함'이라고 옮겨지기도 하는 '프라우테스'(*prautēs*)를 번역한 말이다. 그러나 그것은 고분고분하고 줏대가 없으며 원칙이 없는 그런 온순함이 아니다. 그것은 분명 다른 사람들에 대해 온유하고 겸손하며 사려 깊은 것을 의미하지만, 그러기 위해 우리는 종종 우리의 강점들을 억제하고 우리의 에너지를 통제해야 할 것이다. 세 번째 단어인 '절제'는 '엥크라테이아'(*egkrateia*)로 "이는 자신이나 다른 어떤 것에 대해 가지는 힘 또는 지배권을 표현한다."[25] 그것은 우리의 본능을 통제하고, 우리의 기질과 혀를 통제하며, 우리의 혈기를 억제하는 것을 포함한다.

왜 사랑은 절제에 의해 '균형이 잡혀야' 하는가? 사랑은 자신을 주는 것이며, 자신을 주는 것(self-giving)과 절제(self-control)는 상호 보완되기 때문이다. 스스로 통제하는 법을 배우지 않고 어떻게 누군가에게 자신을 줄 수 있겠는가? 우리의 자아를 다른 사람을 섬기는 일에 내어 줄 수 있으려면 먼저 그것을 다스려야 한다. 그러므로 성령의 아홉 가지 열매가 자신을 주는 것에서 시작해서 자신을 통제하는 것으로 끝난다는 것은 중요하다.

사랑은 성령의 열매다

이 위대한 본문에서 다섯 번째로 나타나는 진리는 우리가 숙고해 온 **사랑**(가장 탁월하고, 희락과 화평을 가져오며, 행동을 낳고, 절제로 균형이 잡히는)이 **성령의 열매**라는 것이다. 다시 말해, 그것은 우리 안에서 일하시는 성령의 초자연적 역사의 자연스러운 결과다.

이 본문의 전후 문맥에서 바울은 '육체'와 '성령', '육체의 일'과 '성령의 열매'를 대조한다. 우리는 잠시 멈춰서 몇 가지를 정의할 필요가 있다. 먼저 그가 말하는 '육체'란 우리의 뼈를 덮고 있는 부드러운 피부와 근육의 조직도, 인간의 몸(사람들이 탐욕과 성적 부도덕을 '육체의 죄'라고 말할 때 하는 실수)도 아니다. 대신 그는 악을 향한 성향과 타락과 욕망과 이기적인 요구들을 지닌, 우리가 물려받은 타락하고 왜곡된 본성에 대해 이야기하고 있다. 육체(flesh)라는 영어 단어의 마지막 철자를 지우고 거꾸로 읽어 보면

(self) 그것이 무엇인지 정확하게 발견할 수 있다는 것은 옳은 말이다.

바울이 말하는 '성령'은 우리의 몸에 활기를 불어넣는 생기도, 인간의 물질적 측면과 대조되는 영적 측면도 아니다. 대신 그는 바로 성령 자신, 우리가 회개하고 예수님을 믿을 때 우리 안에 들어오시고, 그분의 내주하심이 그리스도인의 정체성을 나타내는 표지이며,[26] 그리스도인의 거룩함의 비밀인 그분을 의미한다.

그렇다면 여기에 바울이 묘사하는 투쟁의 두 주역이 있다. 한편으로 '육체' 곧 우리의 자기중심적인 타락한 본성이 있다. 그리고 다른 한편으로 '성령' 곧 내주하시는 인격적인 하나님의 영이 있다. 바울은 이 두 세력의 투쟁에 대한 세 가지 진리를 우리에게 말한다.

첫째, 육체의 소욕과 성령의 소욕은 **활발한** 욕망이다. "육체의 소욕은 성령을 거스르고 성령은 육체를 거스르나니 이 둘이 서로 대적함으로."[27] 이처럼 육체와 성령은 둘 다 소욕을 가지고 있으며 그것은 생생하고 활발하며 정력적이고 강하다. 이것을 강조하는 이유가 있다. 교회사 전체를 통해 완전론자들은 우리가 거듭난 이후에는 타락한 본성이 활발하지 않고 비활동적이며, 심지어 죽었다고 가르쳤기 때문이다. 그러나 성경은 그렇게 말하지 않는다. 만일 우리의 타락한 본성이 더 이상 어떤 소욕도 가지고 있지 않다면 "육체의 욕심을 이루지 아니"[28]해야 한다는 명령과 "육체의 소욕은 성령을 거스르고"[29]라는 진술은 둘 다 말이 안 될 것이기 때문이다. 그렇다. 그리스도인의 삶은 세상과 육체와 마귀와의 끈질긴 싸움의 여정이다.

둘째, 육체의 소욕과 성령의 소욕은 서로 **반대되는** 욕망이다. 그 둘 사이에는 격렬한 대립이 존재한다. "육체의 소욕은 성령을 거스르고 성령은 육체를 거스르나니 이 둘이 서로 대적함으로."[30] 라이트푸트(J. B. Lightfoot) 주교가 갈라디아서 주석에서 말했듯이 "성령과 육체는 동맹 관계를 맺지 않은 것뿐 아니라 끝없는 불구대천의 원한이 있다."[31]

더구나 육체와 성령의 서로 반대되는 소욕은 "육체의 일"[32]과 "성령의 열매"[33]를 대조하면 분명해진다. 전자는 매우 불쾌한 것이다. 바울은 그중 열다섯 가지를 열거하는데, 네 범주로 나눌 수 있다. 즉, 성적인 죄(음행과 호색), 종교적 죄(우상 숭배와 술수, 특히 술수는 신적 혹은 마귀적 능력을 마술로 훔치려는 은밀한 시도를 말한다), 사회적 죄(원수를 맺는 것, 시기, 분 냄, 투기를 포함하는 여덟 개), 개인적 죄(술 취함과 방탕)다. 이것들은 사람들이 하나님과 다른 사람을 거슬러 자기를 내세우는 추한 행동 목록이다.

우리가 이미 살펴본 성령의 아홉 가지 열매[34]는 이것들과 멋있는 대조를 이룬다. 이보다 더 큰 대조를 상상하기는 어려울 것이다. 여기에는 불경함 대신 경건함이, 죄악된 쾌락 추구 대신 진정한 희락과 화평이, 악의 및 시기와 대조하여 온유와 양선이, 그리고 방종보다는 절제가 있기 때문이다.

셋째, 바울은 육체와 성령의 소욕은 **통제할 수 있는** 욕망이라고 주장한다. 그는 성령이 육체를 제압하여 그것을 정복하고, 사랑이 이기심에게 승리하며, 선이 악을 이기는 것이 가능하다고 쓴다. 어떻게 그럴 수 있을까? 우리가 육체와 성령 모두에 올바른 태도를 갖는 것이 그 비결이다.

육체, 곧 타락한 본성에 대한 우리의 태도는 냉정한 거부가 되어야 한다. 왜냐하면 "그리스도 예수의 사람들은 육체와 함께 그 정욕과 탐심을 십자가에 못 박았기"[35] 때문이다. 우리는 '육체'라고 불리는 이 악하고 끈적거리며 미끄러운 것을 잡아서 십자가에 못 박았다. 그것이 우리가 한 최초의 회개였다. 십자가에 못 박는다는 것은 모든 알려진 악을 타협 없이 거부하는 것을 나타내는 극적 비유다. 십자가에 못 박으면 즉시 혹은 쉽게 죽지는 않는다. 그것은 고통이 오랫동안 이어지는 처형 방법이다. 그러나 결정적인 방법이며, 거기서 도망할 가능성이 없다.

다른 한편, 성령에 대한 우리의 태도는 무조건적 복종이 되어야 한다. 바울은 이에 대해서 몇 가지로 표현했다. 우리는 "성령을 따라 행하고", "성령의 인도하시는 바"가 되고, "성령으로 살아야" 한다.[36] 즉 우리는 그분이 당연한 주권을 행사하시도록 허용하고, 그분의 올바른 통치에 따라야 한다.

이처럼 우리가 육체와 단절하고 성령께 굴복하는 일은 최초의 거부와 굴복이 아무리 단호했다 해도 매일 반복해야 한다. 예수님의 말씀을 빌리면, 우리는 "날마다 제 십자가를 지고" 그분을 따라야 한다.[37] 또한 날마다 그분께 우리의 인격을 열어 계속 성령의 충만을 받아야 한다.[38] 우리의 거부와 복종은 둘 다 훈련된 생활 습관으로 나타나야 한다. 성령의 열매를 거두는 사람은 "성령을 위하여 심는 자"다.[39] 그리고 "성령을 위하여 심는 자"라는 말은 성령의 일을 경작하는 것이다. 이것은 예를 들어, 주일을 지혜롭게 보내는 것, 날마다 기도하고 성경 읽기를 훈련하는 것, 규칙적으로 예배드리고 성만찬에 참여하는 것, 그리스도인들과 우정을 맺고 기독교적 봉사에 참여하는 것 등을 의미한다. 물질 영역에서나 도덕 영역에서나 불변하는 원리는 우리가 심은 대로 거둔다는 것이다. 그 원칙은 변하지 않는다. 변할 수 없다. "하나님은 업신여김을 받지(be mocked) 아니하시"기 때문이다.[40] 그러므로 늘 육체를 위하여 심어 놓고는 성령의 열매를 거두지 못한다고 놀라면 안 된다. 우리가 하나님을 속이거나 우롱할 수 있다고 생각했는가?

비유를 바꾸어 보자. 나는 몇 년 전 남캘리포니아의 산맥을 방문한 사람의 글을 읽은 적이 있다. 그는 늙은 산악인을 만났는데, 그가 데리고 온 개 두 마리가 계속 싸우고 있었다고 한다. 방문객은 보통 어떤 개가 이기느냐고 물어보았다. 산악인은 잠시 말없이 씹는담배를 씹더니 이렇게 대답했다. "내가 가장 많이 먹이는 개요." 마찬가지로, 우리가 우리의 새로운 성품을 잘 먹이고 옛 성품을 굶길 때 새 성품이 옛 성품을 이기고 승리할 것이다.

기나긴 세계사 가운데 성령의 열매가 완전히 무르익은 사람은 단 한 명이다. 바로 나사렛 예수다. 바울이 말하는 아홉 가지 열매는 정말 예수 그리스도에 대한 묘사일 수도 있다. 그분은 자기 원수들을 위해 목숨을 내어 줌으로써 어느 누구도 하지 못했던 사랑을 실천했기 때문이다. 그분은 "내 기쁨"과 "나의 평안"에 대해 말씀하셨다.[41] 그분은 어리석은 사도들의 모습을 엄청나게 오래 참으셨다. 그분은 변함없이 자비하고 선한 행위로 가득하셨다. 그분은 또한 변함없이 신뢰할 만하고 언제나 온유하셨다. 참으로 그분은 "마음이 온유하고 겸손하[셨다.]"[42] 그리고 그분은 완벽하게 절제하셨으며 그래서 "욕을 당하시되 맞대어 욕하지 아니하[셨다.]"[43]

오랫동안 브룬디의 마타나에서 의료 선교사로 일했던 케네스 모이나(Kenneth Moynagh) 박사는 사랑을 강조하면서 성령의 열매를 다음과 같이 요약한 적이 있다.

> 희락은 사랑이 기뻐 뛰는 것이며 화평은 사랑이 안식하는 것,
> 오래 참음은 사랑이 모든 시련과 시험에서 견디는 것,
> 자비는 사랑이 죄가 아닌 모든 것에 양보하는 것,
> 양선은 사랑이 내면의 그리스도로부터 흘러나오는 행동을 취하는 것,
> 충성(믿음)은 사랑의 눈을 살아 계신 그리스도를 보도록 여는 것,
> 온유는 사랑이 싸우지 않고 갈보리에 머리를 숙이는 것,
> 절제는 사랑이 재갈 물고 그리스도의 통제 아래 있는 것,
> 그리스도는 인격 속의 사랑이며, 사랑은 영혼 속의 그리스도이기 때문에.

성령의 열매가 그리스도를 닮는 것이라면, 그리스도를 닮는 것은 모든 백성 개개인을 향한 하나님의 목적이다.

- 그것은 그분의 **영원한** 목적이다. "하나님이 미리 아신 자들을 또한 그 아들의 형상을 본받게 하기 위하여 미리 정하셨[기]"[44] 때문이다.
- 그것은 그분의 **역사적** 목적이다. "우리가…그와 같은 형상으로 변화하여 영광에서 영광에 이르[기]"[45] 때문이다.
- 그것은 그분의 **종말론적** 목적이다. 왜냐하면 비록 "장래에 어떻게 될지는 아직 나타나지 아니하였으나" "그가 나타나시면 우리가 그와 같을 줄을"[46] 알기 때문이다.

인생의 실망과 좌절, 외로움, 고난, 아픔을 이해할 수 있는 유일한 길은, 그것들을 우리를 그리스도와 같이 만들기로 결단하신 사랑하는 하나님 아버지의 훈련 과정으로 보는 것이다.[47]

나는 때로 신문이나 라디오 혹은 텔레비전 인터뷰에서 내 나이에 어떤 야망이 남아 있기라도 한지 질문을 받는다. 그럴 때마다 나는 곧바로 대답한다. "그렇습니다. 나의 최우선적인 야망은 (그리고 내가 죽을 때까지 그럴 것이라고 믿는데) 조금이라도 더 그리스도를 닮아 가는 것입니다."

팀 체스터의 성찰 질문

1. 당신이 속한 교회를 구분해 주는 특징은 무엇인가? 당신의 삶에서는 어떠한가? 사랑이 탁월한 특성임을 확실히 하기 위해 무엇을 할 수 있을까?

2. 주위에서 자기실현과 자기 존중을 추구하는 표시들로 어떤 것들을 볼 수 있는가? 이는 왜 자기 실패에 해당하는가?
3. 오래 참음은 악의를 견디고, 자비는 사람들이 잘되기를 바라며, 양선은 이 바람을 행동으로 바꾼다. 당신의 사랑은 어떤 지점에서 어려움을 느끼는가? 사랑과 절제를 결합시킬 방법은 무엇인가?
4. 육체에 속한 모든 것을 거부하기 위해 어떤 실제적 조치를 취할 수 있는가?
5. 성령에 굴복하고 성령의 일들을 계발하기 위해 어떤 실제적 조치를 취할 수 있는가?
6. 당신이 그리스도와 더욱 닮아가도록 하기 위해 하나님이 절망이나 좌절을 사용하신 적이 있는가?

시리즈 결론

지금과 아직

나는 서론을 '그때'(과거)와 '지금'(현재) 사이의 긴장으로 시작했다. 이제 나는 '지금'(현재)과 '아직'(미래) 사이의 또 다른 긴장으로 끝맺고자 한다. 이 두 긴장은 서로 결합되어 있다. 왜냐하면 예수 그리스도 안에서 그리고 그분을 통해, 과거와 현재와 미래는 창조적인 관계에 돌입했기 때문이다. 그리스도인들은 현재를 살고 있지만 과거에 감사하고 미래를 기다린다.

이 책을 결론 맺으면서 나는 균형 잡힌 성경적 기독교에 초점을 맞추고자 한다. 요즘은 어느 영역에서나 균형을 찾아보기 힘들다. 특히 그리스도를 따른다고 고백하는 우리 가운데서는 더욱 그렇다.

마귀에 대한 한 가지 사실은 그가 광적이며 모든 상식과 중용과 균형의 원수라는 점이다. 그가 좋아하는 소일거리 중 하나는 그리스도인들이 균형을 잃도록 하는 것이다. 그리스도를 **부인하도록** 우리를 꾈 수 없다면, 그 대신 마귀는 우리가 그리스도를 **왜**

곡하도록 할 것이다. 그 결과, 한쪽으로 치우친 기독교가 널리 퍼졌다. 그래서 우리는 진리의 한 측면만 지나치게 강조하고 다른 측면은 충분히 강조하지 않는다.

지금과 아직 사이의 긴장을 균형 있게 파악하는 것은 기독교가 하나 되는 데, 특히 복음주의 신자들이 좀더 아름다운 조화를 이루는 데 매우 도움이 될 것이다. 우리는 신앙의 교리적·윤리적 근본 원리들에 대해 동의할 수 있다. 그렇지만 우리에게는 체질적으로 다투고 분열하는 성향, 또는 단지 우리의 고집을 좇아 우리의 제국을 건설하는 경향이 있는 듯하다.

이미 온 하나님 나라와 이제 올 하나님 나라

신약의 기독교에서 근본을 이루는 것은 우리가 '중간기', 즉 그리스도의 초림과 재림 사이, 이미 온 하나님 나라와 앞으로 올 하나님 나라 사이에 살고 있다는 점이다.

이런 긴장의 신학적 기초는 하나님 나라에 대한 예수님의 가르침에서 찾아야 한다. 모든 사람은 예수님의 가르침에서 하나님 나라가 가장 두드러진 특징이었다는 것과 그분이 하나님 나라의 도래를 알리셨다는 점에 대해 의견을 같이한다. 그러나 그 나라의 도래 시기에 관해서는 학자들 사이에서 의견이 갈린다. 예수님이 하나님 나라를 가지고 오셨으니 그것은 이미 온 것일까? 아니면 그 도래는 아직 이루어지지 않은 미래의 일이며 그래서 우리는 기대하는 마음으로 기다려야 할까? 아니면 진리는 이런 입장들 사이 어딘가에 있는 것일까?

알베르트 슈바이처(Albert Schweitzer)는, 하나님 나라가 예수님의 말씀에 따라 전적으로 미래에 온다고 주장한 학자 중 한 명이다. 예수님은 묵시적 선지자로서 하나님이 초자연적으로 간섭하여 그분의 나라를 세울 것이라고 (잘못) 가르쳤다. 예수님이 제자들에게 하신 급진적 요구들은 임박한 하나님 나라의 도래를 고려한 '잠정적 윤리'였다. 슈바이처의 입장은 '철저한' 혹은 '일관된' 종말론이라고 알려졌다.

다른 극단으로 다드(C. H. Dodd)의 견해가 있다. 그는 하나님 나라의 도래가 전적으로 과거의 일이라고 믿는다('실현된 종말론'이라고 알려졌다). 다드는 완료 시제로 되어 있는 두 구절을 매우 강조한다. 그것은 "하나님의 나라가 가까이 왔으니(has arrived)"[1]와 "하나님의 나라가 이미 너희에게 임하였느니라(has come)"[2]라는 것이다. 다드는 미래에 하나님 나라가 임하는 일은 없을 것이며, 그렇게 말하는 본문들은 예수님 자신의 가르침이 아니었다고 결론을 내렸다.

이렇게 완전히 반대되는 극단적 주장들 대신 학자들 대부분은 중간 입장, 곧 예수님은 하나님 나라를 현재의 실재이자 미래에 기대해야 하는 것이라고 말씀하셨다는 입장을 취한다.

예수님은 때가 찼다고,[3] 예수님이 귀신을 쫓아낸 것에서 명백히 알 수 있듯이 "강한 자"는 이제 그의 재산을 약탈당하도록 결박되고 무장해제 당했다고,[4] 하나님 나라는 이미 사람들 "안에" 혹은 그들 '가운데' 있다고,[5] 이제 그 나라에 "들어가거나" 그것을

'받을' 수 있다고[6] 분명하게 가르치셨다.

그러나 하나님 나라는 미래에 기대해야 하는 것이기도 했다. 그것은 마지막 날에 가서야 완전해질 것이다. 그래서 그분은 종말을 고대했으며 제자들에게도 그렇게 하라고 가르치셨다. 그들은 "나라가 임하시오며"[7]라고 기도해야 했으며, 그 나라를 확장하는 데 우선순위를 두고 그것을 먼저 "구해야" 했다.[8] 때로 그분은 또한 제자들이 최종적으로 처하게 될 상태를 하나님 나라에 "들어[간다]"[9] 또는 그것을 "상속[받는다]"[10]라는 말로 표현하셨다.

성경에서 '지금'과 '아직' 사이의, 현재와 미래 사이의 긴장을 표현하는 또 다른 방법은 두 '시대'라는 용어를 사용하는 것이다. 구약의 관점으로 볼 때 역사는 '현재의 이 세상'과 '마지막 날들' 즉 메시아가 가져오시는 의로운 하나님 나라로 나뉜다.[11] 그러나 연속되는 두 시대라는 간단한 구조는 예수님이 오심으로써 결정적으로 바뀌었다. 그분은 새로운 시대를 가져오셨으며, 우리를 현재의 "이 악한 세대"[12]에서 건지시려고 죽으셨기 때문이다. 그 결과, 성부 하나님은 이미 "우리를 흑암의 권세에서 건져 내사 그의 사랑의 아들의 나라로 옮기셨[다]."[13] 우리는 또한 그리스도와 함께 죽은 자 가운데서 살리심을 받았고 하늘에서 그분과 함께 앉았다.[14]

동시에 옛 시대도 계속 존속하고 있다. 그래서 그 두 시대는 서로 중복된다. "어둠이 지나가고 참빛이 벌써 비침이니라." 언젠가 옛 시대는 끝날 것이며(이는 "세상 끝"이 될 것이다),[15] 그리스도의 초림으로 시작된 새 시대는 그분의 재림으로 완성될 것이다. 그

동안 두 시대는 계속되며, 우리는 그 두 시대 사이의 긴장에 끼어 있다. 우리는 "이 세대를 본받지 말고" 하나님의 뜻에 따라, 실제로 빛의 자녀로서 일관성 있게 살기 위해 "변화를 받[으라]"는 명령을 받는다.[16]

그렇지만 긴장은 여전히 남아 있다. 우리는 이미 구원**받았지만** 또한 우리는 언젠가 구원을 **받을** 것이다.[17] 그리고 우리는 이미 하나님의 양자들이지만 또한 양자가 될 것을 기다린다.[18] 우리는 이미 "사망에서 생명으로 옮겼"지만 영생은 여전히 미래에 주어질 선물이다.[19] 이미 그리스도께서 다스리고 계신다. 비록 그분의 원수들이 아직 그분의 발등상이 되지는 않았지만 말이다.[20]

현재와 미래 사이에 끼어 있는 그리스도인들의 독특한 입장은 소망,[21] 기다림,[22] 고대함,[23] 탄식함[24] 등으로 다양하게 묘사된다. 우리는 "열렬히"[25] 그리고 또한 "참음으로"[26] 기다리기 때문이다.

'지금'과 '아직', 이미 온 하나님 나라와 이제 올 하나님 나라의 중간기에서 핵심은 하나님의 백성 가운데 계시는 성령의 임재다. 한편으로 성령의 은사는 하나님 나라의 독특한 복이며 새 시대가 밝았다는 두드러진 표시다.[27] 다른 한편으로, 그분의 내주하심은 우리가 받는 하나님 나라의 유업의 시작일 뿐이기 때문에 그것은 나머지도 언젠가 우리의 것이 되리라는 보증이기도 하다. 신약에서는 이것을 설명하기 위해 세 가지 비유를 사용한다. 성령은 완전한 추수가 이루어질 것을 약속해 주는 "처음 익은 열매"이자,[28] 완전한 지불이 이루어지리라는 것을 약속하는 "보증금" 또는 첫 회 납부금이며,[29] 언젠가 완전한 축제를 즐길 수 있으

리라는 것을 약속해 주는 맛보기다.[30]

'지금'과 '아직' 간의 긴장에 대한 몇 가지 예를 들어 보자.

계시, 거룩함, 치유

첫 번째 예는 **지적 영역**, 혹은 **계시**의 문제다.

우리는 기쁨에 찬 확신을 갖고서, 하나님이 인간들에게 자신을 계시하시되, 창조된 우주 안에서, 우리의 이성과 우리의 양심 속에서뿐 아니라, 가장 중요하게는 그분의 아들이신 예수 그리스도 안에서, 그리고 그분에 대한 성경의 증거 안에서 자신을 계시하셨다고 단언한다. 우리는 감히 하나님을 안다고 말한다. 왜냐하면 그분이 주도권을 쥐시고 자신을 가리고 있는 커튼을 걷어 주셨기 때문이다. 우리는 하나님의 말씀이 우리의 길에 빛을 비추시는 것을 크게 기뻐한다.[31]

그러나 우리는 아직도 하나님이 우리를 아시는 것처럼 그분을 알지는 못한다. 우리의 지식은 부분적이다. 그분의 계시가 부분적이었기 때문이다. 그분은 계시하고자 하신 모든 것, 우리에게 유익하다고 생각하신 모든 것을 계시하셨지만 모든 것을 계시하시지는 않았다. 아직도 많은 신비가 남아 있다. "우리가 믿음으로 행하고 보는 것으로 행하지 아니함이로라."[32]

성경 저자들이 스스로 하나님의 계시의 도구임을 알았지만 그들의 지식은 여전히 유한하다고 겸손히 고백한 것과 같은 입장을 우리도 취해야 한다. "여호와께서 대면하여 아시던 자"인 모세

조차 다음과 같이 고백했다. "주 여호와여 주께서 주의 크심과 주의 권능을 주의 종에게 나타내시기를 시작하셨사오니."[33] 그리고 사도 바울을 생각해 보라. 그는 그의 지식을 어린아이의 미숙한 생각과 거울의 찌그러진 영상에 비유했다.[34]

그러므로 하나님의 계시가 주어졌다는 것과 그 계시의 최종성을 기뻐하는 것은 옳지만, 우리가 많은 것에 무지함을 고백하는 것 역시 옳은 일이다. 우리는 알지만 또한 모른다. "감추어진 일은 우리 하나님 여호와께 속하였거니와 나타난 일은 영원히 우리와 우리 자손에게 속하였나니 이는 우리에게 이 율법의 모든 말씀을 행하게 하심이니라."[35] 나타난 것과 숨겨진 것을 지속적으로 구별 짓는 것은 매우 중요하다. 개인적으로 말해서, 나는 우리가 계시된 것을 선포할 때 더 담대하고, 비밀로 남아 있는 것들 앞에서는 좀더 삼갈 수 있기를 바란다. 연합을 위해서는 명백하게 계시된 진리에 동의하는 것이 필요하다. 부차적인 일들에 대해서는 서로에게 자유를 주지만 말이다. 그리고 이것들을 인식하는 방식은 그리스도인들이 똑같이 성경에 순종함에도 어떤 문제들에 대해 서로 다른 결론에 도달할 때다. 세례, 교회 정치 제도, 예배 의식과 각종 의식들, 영적 은사들에 대한 주장과 예언의 성취 등을 예로 들 수 있다.

두 번째 긴장은 **도덕적 영역**, 혹은 **거룩함**의 문제다.

하나님은 우리를 거룩하게 만드시려고 이미 우리 안에 그분의 성령을 두셨다.[36] 성령은 우리의 타락하고 이기적인 본성을 정복하고 아홉 가지 열매가 우리의 성품 가운데 익어 가게 하시면서 우리 안에서 활발하게 역사하고 계신다.[37] 단언컨대 그분은 이미 우리를 그리스도의 형상으로 점차 변화시키시고 있다.[38]

그러나 우리의 타락한 성품은 뿌리 뽑히지 않았다. 왜냐하면 여전히 "육체의 소욕은 성령을 거스르[기]"[39] 때문이다. 따라서 "만일 우리가 죄가 없다고 말하면 스스로 속이[는]" 것이다.[40] 아직까지 우리는 하나님의 완전하신 뜻에 합당하게 되지 않았다. 아직까지 우리는 전 존재를 다해서 하나님을 사랑하거나 이웃을 우리 자신처럼 사랑하지 않기 때문이다. 바울이 말했듯이 우리는 "온전히 이루었다 함도" 아니요 우리 안에서 "착한 일을 시작하신 이가 그리스도 예수의 날까지 이루실 줄을" 확신하고서 "푯대를 향하여…달려[간다]."[41]

우리는 '지금'과 '아직' 사이, 계속되는 실패로 인한 낙담과 궁극적 자유의 약속 사이에 사로잡혀 있다. 한편 우리는 "너희는 거룩하라. 이는 나 여호와 너희 하나님이 거룩함이니라"[42] 하신 하나님의 명령과 "가서 다시는 죄를 범하지 말라"[43] 하신 예수님의 가르침을 매우 진지하게 받아들여야 한다. 다른 한편 우리는 내주하시는 성령의 실재와 더불어 내주하는 죄의 실재도 인정해야만 한다.[44] 우리가 열망하는 죄 없는 완전한 상태는 계속해서 우리를 교묘히 피해 간다.

'이미'와 '아직' 간의 세 번째 긴장은 **물리적 영역**, 혹은 **치유**의 문제에서 찾아볼 수 있다.

우리는 오랫동안 약속되었던 하나님 나라가 예수 그리스도와 함께 역사 속으로 들어왔다고 단언한다. 예수님은 단지 하나님 나라를 **선포하는** 것에 만족하지 않으시고 그분이 행하신 엄청난 일들을 통해 그 나라의 도래를 **보여 주셨다**. 그분의 능력은 특히 인간의 몸에서 명백하게 드러났다. 그분은 아픈 자를 치유하시고 귀신을 쫓아내시며 죽은 자를 살리셨기 때문이다.

그분은 열두 제자와 칠십 인에게 이스라엘에서 그분의 메시아적 선교를 확장하고 기적을 행할 권세를 주셨다. 그분이 자신의 권세를 얼마나 널리 발휘하시고자 했는가는 논란의 여지가 있는 문제다. 일반적으로 기적은 진정한 "사도의 표"였다.[45] 그럼에도 하나님을 제한하거나 한계를 정하는 것은 어리석은 일일 것이다. 우리는 그분의 자유와 주권을 인정해야 하며 오늘날에도 물리적인 기적이 일어날 가능성에 전적으로 마음을 열어야 한다.

그러나 아직 하나님의 나라가 완전히 임한 것은 아니다. "세상 나라"는 아직 "그가 세세토록 왕 노릇" 하실 "우리 주와 그의 그리스도의 나라"가 되지 않았기 때문이다.[46] 특히 우리의 몸은 아직 구속되지 않았으며 자연도 아직 그리스도의 통치 아래 전적으로 놓여 있지 않다.

그렇다면 우리는 이 영역에서도 '이미'와 '아직' 사이의 긴장을 인식해야 한다. 분명 우리는 "내세의 능력을 맛보[았다]."[47] 하지만 지금까지는 단지 맛만 보았다. 우리 그리스도인이 체험하는 것 중 일부는 예수님의 부활의 생명이 "우리 죽을 육체에 나타나게 하[는]"[48] 것이다. 동시에 우리의 육체는 계속해서 연약하고 죽을 수밖에 없다. 지금 완전한 건강을 주장하는 것은 우리의 부활을 앞지르는 것이다. 예수님의 육체적 부활은 하나님의 새로운 창조에 대한 보증이며 진정한 시작이다. 그러나 아직 하나님은 보좌에서 일어나셔서 "내가 만물을 새롭게 하노라"[49]라고 결정적으로 말씀하지 않으셨다. 오늘날 기적이 일어날 수 있다는 가능성 자체를 부인하는 사람들은 하나님 나라가 '이미' 왔음을 잊어버리는 것이며, 한편 그런 기적이 일어나는 것을 '정상적인 그리스도인의 삶'으로 기대하는 사람들은 하나님 나라가 '아직' 오지 않았음을 잊어버린 것이다.

교회와 사회

넷째, **교회적 영역**, 혹은 **교회 징계** 문제에서도 똑같은 긴장을 체험할 수 있다.

메시아이신 예수님은 현재 자기 주변에 그분의 백성, 그분이 부르신 진리와 사랑과 거룩함이 특징인 공동체를 모으고 계시다. 그러나 아직 그리스도께서 자신의 신부를 "자기 앞에 영광스러운 교회로 세우사 티나 주름 잡힌 것이나 이런 것들이 없이 거룩하고 흠이 없게"[50] 나타나게 하신 것은 아니다. 그와 반대로 현재의 교회의 삶과 증거는 실수, 불화, 죄로 손상당하고 있다.

그렇다면 교회를 생각할 때마다 우리는 이상과 현실을 결합해야 한다. 교회는 진리에 헌신하고 있으면서도 과오를 저지르기 쉽고, 연합되어 있으면서도 분열되어 있으며, 순수하면서도 불순하다. 우리가 교회의 실패들을 받아들여야 한다는 의미는 아니다. 우리는 교회의 교리적·윤리적 순수함과 가시적인 연합이라는 비전을 가슴에 품고 있어야 한다. 우리는 "믿음의 선한 싸움을 싸우라"[51]고 명령받는다. 우리는 또한 "평안의 매는 줄로 성령이 하나 되게 하신 것을 힘써 지[켜야]"[52] 한다. 그리고 이런 것들을 추구하는 과정에서 심각한 이단이나 죄가 들어올 경우에는 반드시 징계해야 한다.

그렇지만 오류와 악은 이 세상의 교회에서 완전히 뿌리 뽑히지 않을 것이다. 그것들은 진리와 선과 계속 공존할 것이다. 예수님은 밀과 가라지 비유에서 "둘 다 추수 때까지 함께 자라게 두라"[53]고 말씀하셨다. 성경도, 교회사도 이 세상에서 완전히 순수한 교회를 만들기 위해 심한 징계 수단을 사용하는 것을 정당화하지 않는다.

'지금'과 '그때', '이미'와 '아직' 사이의 긴장에서 다섯째 영역은 **사회적 영역**, 혹은 **진보**의 문제다.

우리는 하나님이 인간 사회 안에서 일하신다고 단언한다. 이는 부분적으로는 그분의 '일반 은총', 곧 악을 제어하고 관계들을 통제하는 수단으로 이 세상에 가정과 정부라는 복을 내려 주신 것에서 알 수 있다. 그리고 그것은 구속받은 공동체의 구성원들을 통해서도 드러난다. 그들은 부패를 지체시키고 어둠을 일소함으로 차이를 만들어 내면서, 소금과 빛처럼 사회에 침투한다.

그러나 하나님은 아직 약속하신 "의가 있는 곳인 새 하늘과 새 땅"[54]을 창조하지 않으셨다. 여전히 "난리와 난리의 소문"[55]이 있다. 아직 칼이 보습으로, 창이 낫으로 바뀌지는 않았다.[56] 민족들은 아직 그들의 다툼을 해결하는 방법으로 전쟁을 포기하지 않았다. 이기심, 잔인함, 두려움이 계속되고 있다.

그러므로 사회정의를 위해 일하고 더 개선하기를 기대하는 것은 정당하지만, 우리는 결코 사회를 완전하게 만들 수 없다는 것을 안다. 우리는 복음의 변혁시키는 능력과 그리스도인이 빛과 소금으로 끼치는 건전한 영향을 알지만, 악이 인간의 본성과 인간 사회에 깊이 뿌리박혀 있다는 것도 안다. 그리스도께서 다시 오실 때 그분만이 악을 뿌리 뽑고 영원한 공의를 세우실 것이다.

이것이 바로 '이미'와 '아직' 사이의 긴장을 반드시 유지해야 하는 다섯 가지 영역(지적·도덕적·물리적·교회적·사회적)이다.

그리스도인의 세 유형

이런 성경적 균형을 유지하는 정도에 따라 그리스도인을 세 유형으로 나눠 볼 수 있다.

첫째, **'이미' 그리스도인**이 있다. 그들은 하나님이 그리스도 안에서 이미 우리에게 주신 것을 강조한다. 그러나 결과적으로 그들은 남아 있는 신비는 전혀 없고, 극복할 수 없는 죄는 없으며, 치유되지 않는 질병은 없고, 뿌리 뽑히지 않는 악은 없다는 인상을 준다. 간단히 말해 그들은 지금 완전에 이를 수 있다고 믿는 것처럼 보인다.

이들의 동기는 흠잡을 데 없다. 이들은 그리스도를 영화롭게 하려고 한다. 그래서 이들은 그분이 하실 수 있는 일에 제한을 두지 않는다. 그러나 이들의 낙관주의는 쉽게 주제넘음으로 전락하고 환멸로 끝나고 만다. 이들은 신약의 '아직'이라는 측면과, 완전함은 재림에 이르러서야 이루어진다는 사실을 잊고 있다.

둘째, **'아직' 그리스도인**이 있다. 이들은 당분간 그리스도의 사역이 완성되지 않는다는 것을 강조하며 그리스도께서 자신이 시작하신 것을 완성시키실 때를 고대한다. 그러나 이들은 우리 인간의 무지와 실패, 질병과 죽음의 만연, 순수한 교회나 완벽한 사회를 이루는 것의 불가능성 등에 몰두하는 것처럼 보인다.

이들의 동기 역시 탁월하다. '이미' 그리스도인이 그리스도를 영화롭게 하기 원한다면 '아직' 그리스도인은 죄인들을 겸손하게 하기 원한다. 이들은 성경에 충실해서 우리 인간의 부패성을 강조하기로 결정했다. 그러나 이들의 비관주의는 쉽게 자기 위안으로 전락할 수 있다. 또한 현상을 받아들이고 악에 직면했을 때 냉담하게 반응할 수 있다. 이들은 그리스도께서 그분의 죽으심과 부활하심으로써 그리고 성령을 선물로 주심으로써 '이미' 해 놓으신 일, 그리고 그 결과 우리의 삶과 교회와 사회에서 하실 수 있는 일을 잊고 있다.

셋째, **'이미–아직' 그리스도인**이 있다. 이들은 예수님의 초림과 재림에 똑같은 비중을 두려고 한다. 한편으로 이들은 '이미'에 대해, 하나님이 그리스도를 통해 말씀하시고 행하신 일을 매우 확신한다. 다른 한편으로 이들은 '아직' 앞에서 진정한 겸손, 그리스도께서 재림하사 초림 때 시작하신 일을 완성하실 때까지 세상은 타락하고 반쯤 구원받은 채로 있으리라고 고백하는 겸손을 보인다.

진정한 성경적 복음 전도의 특징이자, 오늘날 매우 긴급하게 필요한 균형을 예시해 주는 것은 바로 '이미'와 '아직'의 결합이다.

 '시대를 사는 그리스도인'으로서 우리의 입장은 예수님의 인격에 확고히 자리하고 있다. 그분의 죽음과 부활은 '이미'에 속해 있고, 그분의 영광스러운 재림은 미래의 '아직'에 속해 있다. 우리는 믿음과 승리로 다음과 같이 환호한다.

 그리스도께서는 죽으셨다!
 그리스도께서는 부활하셨다!
 그리스도께서는 다시 오실 것이다!

주

서문

1 계 1:8.
2 히 13:8.

시리즈 서론: 시대를 사는 그리스도인―그때와 지금

1 시 119:105; 참고. 벧후 1:19.
2 Dietrich Bonhoeffer, *Letters and Papers from Prison*, 확대판 (SCM Press, 1971), p. 279. 『옥중서간』(대한기독교서회).
3 마 11:19.
4 Jaroslav Pelikan, *Jesus Through the Centuries* (Yale University Press, 1985), pp. 182-193를 보라.
5 고후 11:4.
6 딤후 1:15; 참고. 4:11, 16.
7 행 26:25.
8 겔 2:6-7.

1 듣는 귀

1 약 3:8.
2 약 1:19-20.

3   Alan E. Nourse, *The Body* (Time Life, 1968)를 보라; 또한 Paul Brand and Philip Yancey의 두 책 *In His Image* (Hodder & Stoughton, 1984, 『그분의 형상을 따라』, 포이에마)와 *Fearfully and Wonderfully Made* (Hodder & Stoughton, 1981, 『나를 창조하신 하나님의 손길』, 생명의말씀사)를 보라[또는 이 두 책을 압축 개정한 *Fearfully and Wonderfully* (IVP, 2019, 『몸이라는 선물』, 두란노)를 보라—편집자].
4   신 30:20.
5   시 95:7.
6   렘 13:10; 참고. 사 30:9.
7   슥 7:13; 참고. 렘 21:10-11.
8   창 22:1.
9   삼상 3:4, 6, 8, 10.
10   행 9:3-7.
11   출 33:11.
12   신 34:10.
13   요 10:3-5.
14   엡 2:20.
15   마 7:16; 살전 5:20-22.
16   히 4:12.
17   엡 6:17.
18   예를 들어, 눅 10:26.
19   예를 들어, 마 19:5; 21:42.
20   예를 들어, 롬 4:3; 갈 4:30.
21   예를 들어, 계 2:7.
22   삼상 3:9-10.
23   사 50:4.
24   눅 10:39.
25   눅 10:42.
26   잠 12:15; 참고. 13:10; 15:12, 22; 20:18.

27 잠 15:31; 참고. 9:8; 17:10; 25:12; 27:5.
28 잠 18:15.
29 잠 1:8.
30 *Reader's Digest*, September 1937.
31 Arthur Robertson, *The Language of Effective Listening* (Scott Foresman Professional Books, 1991), p. xv.
32 Stephen B. Oates, *Abraham Lincoln: The Man Behind the Myths* (New American Library, 1984), pp. 125-126.
33 예를 들어, 'The Grand Rapids Report'로 알려진 *Evangelism and Social Responsibility: An Evangelical Commitment* (Paternoster, 1982), 특히 pp. 5-7를 보라.
34 Dietrich Bonhoeffer, *Life Together* (Harper and Brothers, 1954), pp. 97-99. 『신도의 공동생활』(대한기독교서회).
35 잠 18:13.
36 1968년 4월 European Consultation on Mission Studies에서 발표된 'Presence and Proclamation'라는 논문에서.
37 M. A. C. Warren, *Crowded Canvas* (Hodder & Stoughton, 1974), pp. 16, 18.
38 잠 12:16.
39 잠 21:13.

2 지성과 감정

1 막 12:30.
2 롬 12:2; 엡 4:23.
3 예를 들어, 엡 4:26; 벧전 1:22.
4 행 24:16.
5 예를 들어, 마 6:10; 막 14:36; 골 4:12.
6 고전 14:20, NIV.
7 Lesslie Newbigin, *Foolishness to the Greeks* (SPCK, 1986), p. 70.
8 D. Martyn Lloyd-Jones, *The Christian Warfare* (Banner of Truth,

1976), p. 114.
9 고후 5:7.
10 H. L. Mencken. 그는 *Baltimore Sun*에 글을 쓴 작가이며 때로 '볼티모어의 현자'라고 불렸다.
11 고전 2:1-5.
12 행 18:4.
13 행 19:9-10.
14 행 26:25.
15 빌 1:7.
16 Chaim Potok, *The Chosen* (1967; Penguin 1970).
17 앞의 책, p. 200.
18 앞의 책, p. 273.
19 앞의 책, p. 274.
20 앞의 책, p. 277.
21 예를 들어, 호 11:8-9.
22 롬 5:5.
23 롬 8:15-16.
24 요일 3:1.
25 벧전 1:8.
26 롬 8:22-25; 고후 5:2-4.
27 고후 5:19-20.
28 예를 들어, 행 20:19, 31; 빌 3:18.
29 D. Martyn Lloyd-Jones, *Preaching and Preachers* (Hodder & Stoughton, 1971), p. 97. 『설교와 설교자』(복있는사람).
30 고전 15:26.
31 참고. 막 14:5.
32 B. B. Warfield, *The Person and Work of Christ* (Presbyterian & Reformed, 1950), pp. 115-117.
33 Bob Geldof with Paul Vallely, *Is That It?* (Penguin, 1986), p. 269.
34 앞의 책, p. 271.

35 앞의 책, p. 386.
36 엡 4:26.
37 갈 5:19-21.
38 눅 24:32.
39 Ralph G. Turnbull이 *A Minister's Obstacles* (1946; Baker, 1972), p. 97에서 인용.
40 고후 5:14.

3 인도, 소명, 사역

1 엡 2:10.
2 엡 5:17.
3 골 1:9.
4 골 4:12.
5 롬 8:29.
6 시 25:9.
7 마 7:7; 약 4:2.
8 잠 13:10.
9 시 32:8-9.
10 마 2:13.
11 예를 들어, 갈 5:8; 벧전 1:15.
12 예를 들어, 롬 8:28; 히 9:15.
13 롬 1:6.
14 벧전 3:9.
15 고전 1:9.
16 막 3:14.
17 요 17:3.
18 갈 5:13.
19 골 3:15.
20 고전 1:2.
21 롬 1:7.

22 예를 들어, 벧전 1:15; 살전 4:7; 딤후 1:9.
23 벧전 2:9.
24 벧전 2:20-21.
25 요 15:18, 20.
26 히 3:1; 참고. 빌 3:4.
27 벧전 5:10.
28 롬 8:17.
29 엡 4:1.
30 고전 7:20.
31 고전 7:20, 17.
32 고전 7:17, 20, 24.
33 고후 5:17.
34 고전 7:14.
35 고전 7:21.
36 Martin Luther, *Weimarer Ausgabe* (1883), vol. 44, pp. 130-131.
37 *Weimarer Ausgabe*, vol. 52, p. 124.
38 *Weimarer Ausgabe*, vol. 46, p. 166.
39 John Calvin, *Institutes*, III. x. 6.
40 William Perkins, *A Treatise of the Vocations or Callings of Men in The Work of William Perkins*, Courtenay Library of Reformation Classics, ed. Ian Breward (Sutton Courtenay Press, 1970), p. 458.
41 Cotton Mather, *A Christian at His Calling* (1701), p. 37.
42 앞의 책, pp. 37-38.
43 *The Willowbank Report: Gospel and Culture*, 특히 6장, 'Wanted: Humble Messengers of the Gospel' (Lausanne Committee for World Evangelization, 1978)을 보라. 『복음과 문화』(IVP).
44 마 7:11.
45 롬 12:2.

4 성령의 첫 번째 열매

1 갈 5:22-23.
2 딤전 6:12.
3 딤전 6:20, 문자적으로; 참고. 딤후 1:14.
4 살후 2:15.
5 유 3절.
6 고전 13:2.
7 고전 8:1.
8 롬 3:28.
9 Luther의 *Commentary on the Epistle to the Galatians* (1531; James Clarke, 1953), pp. 101, 143.
10 'Sermon on Salvation' in the *First Book of Homilies* (1547)에서.
11 R. T. Beckwith, G. E. Duffield and J. I. Packer, *Across the Divide* (Lyttleton Press, 1977), p. 58.
12 고전 13:2.
13 벧전 1:8.
14 빌 3:8.
15 고전 13:1-2.
16 요일 3:17.
17 고전 13:3.
18 요일 4:8, 16.
19 요일 4:19.
20 Dr Paul Vitz, *Psychology as Religion* (Eerdmans, 1977). 『신이 된 심리학』(새물결플러스).
21 David Wells, *No Place for Truth* (Eerdmans, 1996). 『신학실종』(부흥과개혁사).
22 딤전 1:16.
23 고전 13:4.
24 갈 5:13.
25 *egkrateia* 에 대한 *Walter Grundmann in TDNT* 2 (1964)의 글에서.

26 롬 8:9.
27 갈 5:17.
28 갈 5:16.
29 갈 5:17.
30 갈 5:17.
31 J. B. Lightfoot, *Galatians* (1865), p. 209.
32 갈 5:19-21.
33 갈 5:22-23.
34 갈 5:22-23.
35 갈 5:24.
36 갈 5:16, 18, 25.
37 눅 9:23.
38 엡 5:18.
39 갈 6:8.
40 갈 6:7.
41 예를 들어, 요 15:11; 14:27.
42 마 11:29.
43 벧전 2:23.
44 롬 8:29.
45 고후 3:18.
46 요일 3:2.
47 예를 들어, 히 12:4-11.

시리즈 결론: 지금과 아직

1 막 1:15, *ēngiken*에 대한 그의 번역.
2 마 12:28, *ephthasen*.
3 예를 들어, 막 1:14-15; 마 13:16-17.
4 마 12:28-29; 참고. 눅 10:17-18.
5 눅 17:20-21.
6 예를 들어, 막 10:15.

7   마 6:10.
8   마 6:33.
9   막 9:47; 참고. 마 8:11.
10 마 25:34.
11 예를 들어 사 2:2; 마 12:32; 막 10:30.
12 갈 1:4.
13 골 1:13; 참고. 행 26:18; 벧전 2:9.
14 엡 2:6; 골 3:1.
15 예를 들어, 마 13:39; 28:20.
16 롬 12:2; 13:11-14; 살전 5:4-8.
17 롬 8:24; 5:9-10; 13:11.
18 롬 8:15, 23.
19 요 5:24; 11:25-26; 롬 8:10-11.
20 시 110:1; 엡 1:22; 히 2:8.
21 롬 8:24.
22 빌 3:20-21; 살전 1:9-10.
23 롬 8:19.
24 롬 8:22-23, 26; 고후 5:2, 4.
25 롬 8:23; 고전 1:7.
26 롬 8:25.
27 예를 들어, 사 32:15; 44:3; 겔 39:29; 욜 2:28; 막 1:8; 히 6:4-5.
28 롬 8:23.
29 고후 5:5; 엡 1:14.
30 히 6:4-5.
31 시 119:105.
32 고후 5:7.
33 신 34:10; 참고. 민 12:8; 신 3:24.
34 고전 13:9-12.
35 신 29:29.
36 살전 4:7-8.

37　갈 5:16-26.
38　고후 3:18.
39　갈 5:17.
40　요일 1:8.
41　빌 3:12-14; 1:6.
42　예를 들어, 레 19:2.
43　요 8:11.
44　예를 들어, 롬 7:17, 20; 8:9, 11.
45　고후 12:12.
46　계 11:15.
47　히 6:5.
48　고후 4:10-11.
49　계 21:5.
50　엡 5:27; 참고. 계 21:2.
51　딤전 6:12.
52　엡 4:3.
53　마 13:30.
54　벧후 3:13; 계 21:1.
55　막 13:7.
56　사 2:4.

옮긴이 **정옥배**는 외국어대학교 서반아어과를 졸업하고 IVP 간사를 역임했다. 합동신학대학원대학교, 미국 웨스트민스터 신학교, 풀러 신학교에서 공부했다. 현재 전문번역가로 활동 중이다. 옮긴 책으로 『신명기』 『여호수아』 『누가복음』 『로마서』 『에베소서』 『베드로전서』 등의 BST 시리즈, 『비교할 수 없는 그리스도』 『진정한 기독교』 『하나님을 아는 지식』 『사랑 연습』(이상 IVP) 등 다수가 있다.

옮긴이 **한화룡**은 경희대 경영학과를 졸업하고 IVP 간사를 역임했다. 합동신학대학원대학교, 미국 웨스트민스터 신학교, 풀러 신학교에서 공부했다. 현재 백석대학교 기독교학부 교수로 학생들을 가르치고 있다. 지은 책으로 『도시 선교』 『4대 신화를 알면 북한이 보인다』(이상 IVP)가 있고, 옮긴 책으로 『가난한 시대를 사는 부유한 그리스도인』 『가난한 자들의 친구』 『하나님 백성의 선교』, BST 시리즈 『선교』(이상 IVP) 등이 있다.

시대를 사는 그리스도인
제자―그리스도를 닮으라는 부르심

초판 발행_ 2021년 3월 25일
초판 2쇄_ 2025년 1월 15일

지은이_ 존 스토트·팀 체스터
옮긴이_ 정옥배·한화룡
펴낸이_ 정모세

펴낸곳_ 한국기독학생회출판부
등록번호_ 제2001-000198호(1978.6.1)
주소_ 04031 서울시 마포구 동교로 156-10
대표 전화_ (02)337-2257 팩스_ (02)337-2258
영업 전화_ (02)338-2282 팩스_ 080-915-1515
홈페이지_ http://www.ivp.co.kr 이메일_ ivp@ivp.co.kr
ISBN 978-89-328-1812-2
ISBN 978-89-328-1810-8(세트)

ⓒ 한국기독학생회출판부 2021

책값은 뒤표지에 있습니다.
무단 전재와 복제를 금합니다.